Horst Rehmann

Gedichteband 2

Gedichte aus dem Leben
Gedichte vom Zeitgeschehen
Gedichte zum Schmunzeln
Gedichte auf Plattdeutsch

Horst Rehmann

Gedichteband 2

Gedichte aus dem Leben
Gedichte vom Zeitgeschehen
Gedichte zum Schmunzeln
Gedichte auf Plattdeutsch

Rediroma-Verlag

Bibliografische Information der Deutschen Nationalbibliothek:
Die Deutsche Nationalbibliothek verzeichnet diese Publikation in der Deutschen Nationalbibliografie; detaillierte bibliografische Daten sind im Internet über http://portal.dnb.de abrufbar.

ISBN 978-3-98527-035-4

www.rediroma-verlag.de
9,95 Euro (D)

Vorwort

Als Sohn eines Glückbringers (Kaminkehrermeister) wurde ich am 22. Mai 1943 in Bremen geboren. Meine Kindheit, Lehr,- und Jugendzeit verbrachte ich ebenfalls in Bremen. Erst mit 21 Jahren entdeckte ich, mehr oder weniger durch Zufall, meine Leidenschaft zum Schreiben und arbeitete von 1964 bis 1971 als freier Publizist für namhafte deutsche Tageszeitungen, u.a. Lübecker-Nachrichten, Bremer-Nachrichten, Neue Osnabrücker Zeitung. Durch meine Vorliebe zu Heinz Erhardt, der mich mit seinen ausgefallenen Sprüchen häufig zur Nachahmung inspirierte, bastelte ich mein eigenes lustiges Konzept und erfand ständig neue Reime und Redensarten, die ich dann in Gedichten festhielt. Als Norddeutscher habe ich natürlich auch plattdeutsche Gedichte geschrieben, die in einigen Foren im Internet sehr gerne gelesen wurden und noch heute mit Interesse gelesen werden. Seit 2008 (Rentenalter) wohne ich in Forchheim, am Rande der Fränkischen Schweiz, hier widme ich meine Zeit wieder voll und ganz dem Schreiben. Meine Geschichten, Gedichte und Aphorismen dienen in erster Linie der Unterhaltung. Unterhaltung in dem Sinne, dass ich meine Leser zum Lachen, aber auch zum Nachdenken anrege.

Inhalt

Gedichte sind …

Gedichte sind meist schöne Worte,
können sinnlich das Herz erreichen,
sie entführen an bess´re Orte,
um Leid und auch Schmerz zu entweichen.

Gedichte zeigen die heile Welt,
ihre einzigartige Schönheit,
die ständig von sanftem Licht erhellt,
und ergriffen ist, von der Freiheit.

Gedichte kennen keine Grenzen,
keine Mauern und keine Schranken,
nichts auf dieser Welt kann sie bremsen,
denn sie entstehen durch Gedanken.

Wer Gedichte zu lesen versteht,
spürt was der Verfasser denkt und fühlt,
und weiß genau was in ihm vorgeht,
was in seinem tiefen Innern wühlt.

Gedichte entstehen mit Liebe,
exakt gereimt als Komposition,
nette Worte für´s Geschriebene,
sind des Dichters - allergrößter Lohn.

Du bist einzigartig

Du bist hilfsbereit und stets so nah,
bist jede Stunde für mich da,
geht´s mir nicht gut, hast du ein Ohr,
hörst zu, kommentierst mit Humor.

Ist es auch täglich das selbe Leid,
du nimmst dir immer für mich Zeit,
still hörst du mein Gejammer an,
als ob es dich nicht nerven kann.

Auf deine Freundschaft kann ich bauen,
alles kann ich dir anvertrauen,
selbst Geheimnisse meiner Seele,
mit denen ich mich so oft quäle.

Du bist so einzigartig für mich,
und deshalb bin ich überglücklich,
für deine Freundschaft danke ich dir,
und hoffe - dir geht´s ebenso wie mir.

Vier Eigenschaften

Dein Verständnis bleibt auf der Strecke,
wenn du stets die Toleranz vergisst,
und überall an jeder Ecke,
der Gedanke, gibt's nicht, dich zerfrisst.

Das Mitgefühl bleibt auf der Strecke,
wenn du den Anderen verachtest,
und im Inneren denkst – verrecke,
doch nach seinen Gütern trachtest.

Anteilnahme bleibt auf der Strecke,
wenn du nur nach Prinzipien gehst,
dich verkriechst wie eine Schnecke,
und das Anderssein nicht siehst.

Die Menschlichkeit bleibt auf der Strecke,
wenn du sie nicht erkennen willst,
du wirst so lästig wie ´ne Zecke,
merkst nicht – wie du dein Umfeld quälst.

78 Jahre

Heut bist Du achtundsiebzig Jahr,
und immer noch fit wie ein Turnschuh,
hast längst schon Falten und graues Haar,
verpönst jedoch die Altersruh.

Du springst nicht mehr wie ein junges Reh,
bist auch nicht steif wie ein Geldschrank,
Dir tun zwar oft alle Glieder weh,
doch deshalb fühlst Du Dich nicht krank.

Das Leben nimmst Du wie es ist,
willst Dich auch keineswegs beklagen,
Du bist der gebor´ne Optimist,
schaust nach vorn, auch in schweren Tagen.

Drum ist mein Geburtstagswunsch ehrlich,
ihn auszusprechen bin ich bereit,
ich wünsche Dir dieses hier und ausschliesslich,
VIEL GLÜCK – und natürlich - GESUNDHEIT.

Nicht rennen

Dein Weg, er ist dir vorgegeben,
wohin er dich führt, ist dir bekannt,
dieser schwere Weg, er heißt Leben,
er wird durchlaufen und nicht durchrannt.

Geh ihn vorsichtig und langsam an,
und mache stets nur kleine Schritte,
schnelles Rennen, ist der reinste Wahn,
als Dank, bekommst du meistens Tritte.

Gott gab dir den Weg als ein Geschenk,
drum renne nicht, bleib einfach mal steh´n,
mach Halt wo´s dir gefällt - und bedenk -
wer rennt – wird leider - nur wenig seh´n.

Guter Vorsatz

Als Mann, mit über sechszig Jahren,
willst nicht mehr so viel Auto fahren,
willst dich viel mehr zu Fuß bewegen,
das gibt dir Kraft und bringt dir Segen.

Auch vorm abendlichen Fernsehen,
willst du erst mal ´ne Runde gehen,
und danach nur wenig Alkohol,
so fühlst du dich, stundenlang noch wohl.

Doch trinkst du und hast zwei Promille,
sitzt du schon bald auf deiner Brille,
das wär´ nicht gut und hätt´ keinen Sinn,
dein guter Vorsatz - wär´gleich dahin.

Mein Traum

Hab meine eigene Vision,
von meinem Leben, meinem Sein,
seit Jahren folgt ein Traum mir schon,
doch den träum ich bisher allein.

Ich geh meinen Weg, bleib nicht steh´n,
nehm gern all meine Freunde mit,
denn nur wenn viele mit mir geh´n,
beginnt das Neue, Schritt für Schritt.

Mein Ziel ist Müh und Plagen wert,
denn Tatkraft bringt Begeisterung,
auch wenn mein Traum an Kräften zehrt,
hält er mich doch im Herzen jung.

Letztendlich, wenn das Ziel erreicht,
und das Glück erfüllt mein Denken,
werd kraftvoll ich und federleicht,
meinen Fuß - ins Neue lenken.

Ein Tag erwacht

Immer wenn ein neuer Tag erwacht,
jagt er die Dunkelheit der Nacht,
treibt sie voran in ferne Länder,
hüllt sie in finstere Gewänder.

Uns bringt er frische Morgenluft,
angefüllt mit zartem Pflanzenduft,
gleichsam weht der Wind sehr leise,
durch Wald und Flur auf seine Weise.

Trocknet behutsam Nebeltröpfchen,
die glitzern wie zig Nadelköpfchen,
wenn diese dann verdunstet sind,
zeigt sich die Sonne ganz gelind.

Sie breitet aus die warme Decke,
schlüpft sanft in jede kleine Ecke,
bringt uns das Licht in aller Stille,
der Tag beginnt, mit Gottes Wille.

Fluch der Zeit

Lebensfluch, der Flug der Jahre,
die Jugend ist im Nu dahin,
auf dem Kopf die grauen Haare,
verraten Alter, nicht den Sinn.

Gelenke knacken Tritt für Tritt,
die Haut besät der Altersfleck,
und böses Stechen lahmt den Schritt,
der Schmerz hat innen sein Versteck.

Die Atmung klingt wie ein Orkan,
Raucherhusten wird zur Plage,
die Nieren spülen nicht nach Plan,
selbst die Leber zwingt zur Rage.

Zähne lösen sich vom Kiefer,
lesen kann man nur mit Brille,
Falten werden immer tiefer,
zum Vergnügen fehlt der Wille.

Gewandert wird nur noch mit Stock,
die Wirbelsäule schon fast steif,
da triffts ein Jeden wie ein Schock,
wenn er fürs Altenheim nun reif.

Das ist nun mal der Fluch der Zeit,
ewig jung sein kanns nicht geben,
zerstört sind Stolz und Eitelkeit,
machtlos endet so das Leben.

Grippewelle

Viele Menschen sind am Klagen,
über Pein und Schmerz im Magen,
auch im Kopf herrscht ständig drücken,
Stiche schiessen durch den Rücken.

In den Schultern quält ein Zucken,
es brennt im Hals beim Schlucken,
ein Reissen geht durch beide Knie,
die Nase läuft so stark wie nie.

Das Klo wird stundenlang besucht,
die Ohren sausen wie verflucht,
aus den Augen quellen Tränen,
noch mehr muss man nicht erwähnen.

Die Grippewelle zieht durchs Land,
Hausärzte haben´s längst erkannt,
es nützt jetzt keine Spritze mehr,
noch weniger hilft Gegenwehr.

Bekannt ist es bei Jung und Alt,
wer nicht vorsorgt, der bezahlt,
Grippe dauert gut zwei Wochen,
es ist wahr, doch nicht versprochen.

Noch mal ZWANZIG sein

Es war doch eine schöne Zeit,
man lebte stets in Saus und Braus,
hinzu kam noch die Wendigkeit,
warum ist das heut alles aus.

Das Alter bringt nur Last und Pein,
man müsste noch mal zwanzig sein.

Bei jedem Fest war man dabei,
feierte bis in den Morgen,
man fühlte sich so frank und frei,
Heiterkeit verdrängte Sorgen.

Im Alter trinkt man einsam Wein,
man müsste noch mal zwanzig sein.

Man reiste gerne um die Welt,
lernte viele Menschen kennen,
verprasste jede Menge Geld,
setzte selbst beim Pferderennen.

Das Altern bremst kein Euroschein,
man müsste noch mal zwanzig sein.

Von Krankheit wurde man verschont,
der Arztbesuch war Seltenheit,
die Fitness wurde noch betont,
durch Muskelkraft und Eitelkeit.

Beim Altern stört manch Zipperlein,
man müsste noch mal zwanzig sein.

Die Gelenke wurden steifer,
doch man verstand es einfach nicht,
das der Mensch trotz Schwung und Eifer,
nach langem Dasein mürb zerbricht.

Zum Altsein kommt nun das Allein,
man müsste noch mal zwanzig sein.

Trugschluss

Ein Zug auf einem langen Gleis,
ratterte mal laut und mal leis,
doch weil er andern Zügen glich,
war er gewiss, ein Fall für sich.

Denn der erste Wagen, wie´s schien,
konnte den langen Zug wohl zieh'n,
doch dieses war ein Trugschluss pur,
weil eine Lok, am Zugschluss fuhr.

Solch Trugschluss gibt es offenbar,
auch bei den Menschen hier und da,
mancher scheint durch Leistung oben,
in Wahrheit wurde er - geschoben.

Der alte Mann

Viele Jahre sind entschwunden,
sein Haar ist grau und schwer der Gang,
täglich dreht er seine Runden,
ganz langsam, am Waldrand entlang.

Seit Jahren hat er schon die Gicht,
und faltenreich ist sein Gesicht,
als sei der Welt er schon entrückt,
geht er am Stock, nach vorn gebückt.

Nie fragte jemand, wie´s ihm geht,
und wie´s um die Gesundheit steht,
man sah ihn nur ganz kurz mal an,
raunte: „Da geht er, der alte Mann.“

Konjunktiv

Ach ja, dieses “Würde, Könnte, Hätte“,
was man so alles gerne - tun täte,
zum Beispiel wär man furchtbar gern mal reich,
träfe am liebsten sofort einen Scheich.

Einen Traumjob hätt´ man auch sehr gerne,
flöge überglücklich in die Ferne,
wüsste wie man dort ´ne Diva verwöhnt,
wenn man sie nur - schlagartig haben könnt´.

Man äße alles, was man gern wollte,
wobei man auf´s Geld nicht achten sollte,
und freuen würde sich auch jeder sehr,
wenn dieses kleine Wörtchen “wenn“ nicht wär,
doch leider läuft im Leben vieles schief,
mit diesem gottverdammten - Konjunktiv.

Der Wind und Wetter kennt

Ein Mensch, der Wind und Wetter kennt,
kennt auch sein Leben, Stück für Stück,
er hat nicht einen Tag verschenkt,
denkt an Erlebtes oft zurück.

Manchmal war er unzufrieden,
mit seinem eigenen Geschick,
hat das "Warum" meist gemieden,
und es verbannt, mit einem "Klick".

Die Zeit, die ihn mal traurig machte,
ist heut schon lange nicht mehr wahr,
weil er weinte und laut dachte:
„Bald seh ich alles wieder klar".

Wusste er auch mal nicht weiter,
blieb stehen, stur auf einem Bein,
blickte hoch, ganz froh und heiter,
dachte: „Es könnte schlimmer sein".

Heut steht er da, mit grauem Haar,
denkt an die Zeiten oft zurück,
und dann wird ihm ganz plötzlich klar:
„Ich hatte oft – auch sehr viel Glück".

Gutes soll geschehen

Man denkt, es wird sich bald was drehen,
es soll sogar Gutes geschehen,
die Menschen beginnen zu strahlen,
vergessen den Ärger, die Qualen.

Überall in Städten und Ländern,
soll sich in Kürze vieles ändern,
jeder hofft auf die große Feier,
glaubt an dieses Politgeleier.

Leider bestehts aus hohlen Phrasen,
vor allem in den Wahlkampfphasen,
und hat man sein Kreuzchen brav gemacht,
wird man dafür auch noch ausgelacht.

Die Menschen gehen enttäuscht nach Haus,
hoffen, in vier Jahren wird was draus,
wenn dann die Zeichen auf Wandel steh´n -
wird alles wieder von vorn losgeh´n.

Ungeheuere Macht

In jedem Lebewesen steckt eine Kraft,
die alles bewegt und die stets alles schafft,
es ist eine so ungeheuere Macht,
die ständig voran treibt, bei Tag und bei Nacht.

Nichts auf der Welt ist stärker, nichts hält sie auf,
wenn´s sein muss, verbiegt sie Gewehren den Lauf,
sie bringt zusammen, was zusammen gehört,
geht ihren Weg, selbst wenn ein Problem sie stört.

Sie ist die Hoffnung, der Weg und auch das Ziel,
der, der auf sie baut, gewinnt unendlich viel,
sie will keinen Reichtum, es lockt sie kein Geld,
sie überwindet jede Grenze der Welt,
gäb es sie nicht, wär nichts da was uns bliebe,
diese ewige Macht, trägt den Namen - LIEBE.

Mensch, wenn du ...

Mensch, wenn du mit Waffen nur regierst,
und ständig Kriege organisierst,
deine Aggression nicht enden will,
dann sei besser - augenblicklich still.

Wenn du Untertanen ignorierst,
glaubst, dass du mit deinem Geld regierst,
deine Arroganz nicht aufhör´n will,
dann sei besser – augenblicklich still.

Wenn du dich öffentlich profilierst,
dich für die Wahrheit nicht interessierst,
wenn Gewalt in dir nicht ruhen will,
dann sei besser – augenblicklich still.

Wenn du über Kompromisse lachst,
für Verständigung rein gar nichts machst,
deine Machtgier nicht Schluß machen will,
dann sei besser – augenblicklich still.

In der Stille findest du vielleicht,
etwas, wofür dein Verstand nicht reicht,
und wenn du jemals an Gott geglaubt,
dann wird dir klar,
  dass nur Liebe – Brückenbau erlaubt !

Mein Rentnerleben

Die Zeit, sie läuft und läuft so dahin,
seitdem ich im Rentnerleben bin,
vor dieser Zeit, war ich noch agil,
da war mir keine Arbeit zu viel.

Heute pack ich fast gar nichts mehr an,
fühl mich wie Treibholz im Ozean,
gut find ich nur gereimte Sachen,
die mir unendlich viel Freude machen.

Am Tage und auch abends bei Licht,
setz ich mich hin und schreib ein Gedicht,
und macht mich das Gereime mal wild,
mal ich auf Leinwand, ein schönes Bild.

Doch trotz meiner Kanten und Ecken,
muss ich mich vor niemand verstecken,
kann reden, wie mein Schnabel es will,
erst wenn ich schlafen geh – bin ich still.

Augenstern

Mein Herz steht in Flammen,
meine Lippen sind stumm,
ich könnt mich verdammen !
Oder bin ich nur dumm ?

Mein Gefühl sagt Liebe,
die Gedanken sind wirr,
ich spür tausend Triebe !
Vielleicht bin ich irr ?

Im Kopf brodelt Wehmut,
mein Körper erzittert,
ein Vulkan voller Glut !
Bin ich so verbittert ?

Ich kämpfe dagegen,
jeden Tag, jede Nacht,
weil häufig nach Regen,
ein Augenstern lacht.

Dein Leben

Sieh doch Dein Leben wie Deinen Garten,
wo Baum, Busch und Blumen auf Dich warten,
so wie ein Gärtner musst Du es pflegen,
viel Wert auch auf das Aussehen legen.

Unkraut entfernen, doch stets mit Bedacht,
so wie es der Gärtner im Garten macht,
hegen und pflegen, von hinten bis vorn,
es mit Freude tun und niemals mit Zorn.

Lebe alle Zeit in des Gärtners Sinn,
und gebe Dich niemals dem Gleichmut hin,
Du kannst nehmen, musst aber auch geben,
dann erstrahlt im vollen Glanz - Dein Leben.

Der Mensch sollte …

seine Gedanken richtig lenken,
nicht nur an sich selber denken,
zielbewusst sollte er leben,
aber nicht nur ständig streben.

Der Mensch sollte …
sich über Kleinigkeiten freuen,
falsches Handeln stets bereuen,
auch sich selbst disziplinieren,
nicht nur reden von Manieren.

Der Mensch sollte …
seine Hektik überwinden,
Kraft auch in der Ruhe finden,
sollte guten Wein genießen,
niemals Öl ins Feuer gießen.

Der Mensch sollte …
seine fünf Sinne einsetzen,
sich nicht nur für Geld abhetzen,
vielmehr seine Liebsten krönen,
und sie mit Liebe verwöhnen.

Der Mensch sollte …
sich zu zweit die Welt ansehen,
nicht allein durchs Leben gehen,
dann kommt mit Sicherheit hinzu,
das Du und Ich und Ich und Du.

Der Mensch sollte …
das tun,
was sein Leben lebenswert macht,
an jedem Tag, in jeder Nacht,
für jeden Atemzug dankbar sein,
dann hat er Erfolg, noch obendrein.

Mensch, stell dir vor …

Mensch,
stell dir vor, du wärst die Erde,
und man verpestet dir die Luft,
deine Haut ist voller Herde,
aus denen es gefährlich pufft.

Mensch,
stell dir vor, dein ganzer Körper,
ist besät mit Parasiten,
sie fordern immer, immer mehr,
sind wie Räuber und Banditen.

Mensch,
stell dir vor, in deinen Venen,
fließt Chemie aus zig Fabriken,
und vom Fuß bis zu den Zähnen,
wird gekämpft um Republiken.

Mensch,
stell dir vor, es geht so weiter,
und du wirst gnadenlos verseucht,
nirgendwo ein kühner Reiter,
der das Erregervolk verscheucht.

Mensch,
es wird Zeit, sich zu befreien,
sich zu schütteln, kräftig beben,
Schluss machen mit Tyranneien,
kerngesund und furchtlos leben.

Daheim

Ein gemütlicher Ort,
ein schöner Lebensraum,
dazu ein liebes Wort,
das ist des Menschen Traum.

Ein zartes Lächeln hier,
ein Händereichen dort,
Gefühle ohne Zier,
das ist des Menschen Hort.

Ein paar nette Blicke,
ein Zwinkern hin und wieder,
Küsse, richtig dicke,
das sind des Menschen Lieder.

Stete Geborgenheit,
gespickt mit Sonnenschein
und Ausgewogenheit,
das nennt der Mensch – DAHEIM.

Nur ein Kinderweihnachtswunsch?

Ein Kind blickt abends in die Ferne,
betrachtet all die gold´nen Sterne,
streicht sich besinnlich über´s Haar
und denkt, es wär so wunderbar,
wenn sich mein Weihnachtswunsch erfüllt,
und sich als notwendig enthüllt.

Wenn unter Menschen dieser Erde,
stets Eintracht nur und Friede wäre,
wenn Straßenkinder ein Zuhause hätten,
schlafen könnten, in gepflegten Betten,
wenn die Gebrechlichen gesunden,
und heilen würden, alle Wunden,
wenn Geld auch zu den Armen käme,
sich ändern würden, manch Systeme,
wenn doch das Aus käm für Magnaten,
die sinnlos gutes Geld verbraten,
wenn Luftverschmutzung hätt ein Ende,
und für Arbeitslose käm die Wende,
wenn es Soldaten nur als Spielzeug gäbe,
und alle Waffen wären Zuckerstäbe,
dann wär die Welt das Paradies,
wie es uns Gott einst überlies.

Lange verheiratet

Still, meistens stumm sitzen sie da,
haben sich nichts mehr zu sagen,
nehmen die Umwelt kaum wahr,
können sich selbst nicht ertragen.

Keiner beendet das Schweigen,
nur Seufzer durchqueren den Raum,
auch wenn die Tage sich neigen,
sieht einer den Anderen kaum.

Ihm sitzt der Griesgram zur Seite,
sie hat den Missmut gepachtet,
es gibt nur Stille und Weite,
Gefühle werden verachtet.

Die Liebe hat sie verlassen,
das Glück schwebt winkend davon,
selbst ihre Herzen verblassen,
verlieren den feurigen Ton.

Gewohnheit zieht ihre Kreise,
übernimmt den Kommandostab,
zwingt gnadenlos still und leise,
die Beiden hinunter ins Grab.

Phantasie

Phantasie kennt keine Grenzen,
sie zieht als Wolke über´s Land,
zigfach ist sie zu ergänzen,
dehnbar wie ein Gummiband.

Phantasie kennt auch kein Ende,
kreuz und quer lässt sie sich spinnen,
füllen kann man mit ihr Bände,
Erfindungen mit ihr beginnen.

Phantasie heißt breites Denken,
mit Fortschritt geht´s sehr steil bergauf,
Phantasie muss man nicht lenken,
man lasse ihr nur freien Lauf.

Das Leben ist beschwerlich

Das Leben ist oft beschwerlich,
manch einer kann´s kaum ertragen,
die Leidenswege mehren sich,
der Mensch wagt nicht, zu klagen.

Er sagt zu sich, ich bin es leid,
kann mein Soll nicht mehr erfüllen,
ich kämpfe mit der Traurigkeit,
würd mich am liebsten, verhüllen.

Gern wär er jetzt ein kleines Kind,
ohne Schmerzen, ohne Sorgen,
dem ganzen Umfeld gut gesinnt,
ohne Gedanken an Morgen.

Heut fragt er nach dem Lebenssinn,
der doch oftmals arg beschwerlich,
er wünscht sich einen Neubeginn,
sorgenfrei, einfach nur glücklich.

Lebenszeitraffer

Unter dem Herzen werden wir getragen,
schreiend blicken wir ins Licht der Welt,
können uns nicht wehren, nichts erfragen,
sind tatenlos dem Erdendasein eingesellt.

Unsere Eltern lehren uns das Laufen,
vermitteln Charakter und Verstand,
lassen schnellstens uns noch taufen,
unsere Zukunft liegt in Gottes Hand.

Wir werden weise, erleben täglich mehr,
erfahren Kummer, Liebe, Pein und Leid,
der Körper zehrt am Älterwerden sehr,
zum jähen Ende ist es nicht mehr weit.

Viel zu schnell ist uns´re Erdenzeit vorbei,
ohne WENN und ABER haben wir zu geh´n,
der Herr im Himmel hält ein Plätzchen frei,
was dann noch kommt - wir werden seh´n.

NICHTS ist von Dauer

Was nützt uns alles Gold und Geld,
was nützt das schönste Himmelszelt;
wenn es als völlig sicher zählt,
das ALLES irgendwann zerfällt.

JAHRESZEITEN

Der Frühling ist da

Wenn Wald und Wiese wieder grünen,
und die Forsythien erblühen,
wenn Tag und Nächte von Frost befreit,
dann beginnt die schönste Jahreszeit.

Der Frühling kehrt ein hier auf Erden,
lässt auch die Tage länger werden,
Blumen recken sich leuchtend empor,
und Vögel zwitschern lauthals im Chor.

Die ersten Schmetterlinge flattern,
um eine Blüte zu ergattern,
auch Bienen schwirren durch die Lüfte,
die Welt ist voller Frühlingsdüfte.

Das Wintersgrau wird keiner missen,
Natur strickt nun ihr buntes Kissen,
und das Wolkenheer, es macht sich rar,
blauer Himmel – der Frühling ist da.

Wolken am Himmelszelt

Wolken die ständig am Himmel zieh'n,
immer vorwärts, seit ewiger Zeit,
können Stürme und Wind nicht entflieh'n,
haben auch keinerlei Möglichkeit.

Wolken fliegen wie Federn dahin,
wenn die Sonne den Erdball erhellt,
doch sind einmal dicke Tropfen drin,
verdunkeln sie rasch das Himmelszelt.

Tag und Nacht, immer sind Wolken da,
der Wind schiebt sie wie Spielzeug vorbei,
er formt sie flauschig, doch auch bizarr,
manch Wolkenbild wirkt - wie Zauberei.

Der Juni ist da

Der Juni ist da, Regen geht,
Sonnenschein ist zu erhoffen,
und wenn kein kalter Wind mehr weht,
steh´n Schönwettertüren offen.

Kalendarisch steht geschrieben,
im Juni ist der Sommer da,
Wochen die wir innig lieben,
stets wolkenlos und Sonnenklar.

Die Blumen zeigen ihre Pracht,
grün leuchten Sträucher und Bäume,
und sternenklar ist jede Nacht,
wie im Märchenland, nur Träume.

Hinzu kommt noch der laue Wind,
der dem Junimonat treu ist,
doch schade ist, so wie ich find,
dass man all dies – zu schnell vergisst.

Das Lied vom Wind

Still und leis weht eine Brise,
vom Berg hinab ins tiefe Tal,
bis das Gras dort auf der Wiese,
sich hin und her wiegt ohne Qual.

Es ist vom Wind die Stimme nur,
die so die ganze Welt berührt,
es ist der Atem der Natur,
der ewig schon sein Zepter führt.

Er singt die Daseinsmelodie,
für Natur und Lebewesen,
dieser Gesang, er endet nie -
ist schon immer da gewesen.

Nur manchmal, wenn die Welt vergisst,
was des Windes Lieder lehren,
und was des Lebens Ursprung ist,
dann muss dieser Wind sich wehren.

Er bäumt sich auf mit Sturmgebraus,
lässt die Stimme kräftig beben,
er treibt des Menschen Hochmut aus,
und lehrt Ehrfurcht vor dem Leben.

Drum ist der Wind mit seinem Lied,
Wächter für das ganze Leben,
solang er um den Globus zieht,
wird's die Zukunft - immer geben.

Sonne, Regen, Kälte?

An diesen heißen Sommertagen,
zeigt der Himmel uns sein schönstes Blau,
doch ständig hört man Menschen klagen:
„Wo bleibt der Regen, wann wird es grau.“

Sie ist doch schrecklich, diese Hitze,
kein normaler Mensch hält so was aus,
und viele schimpfen laut: „Ich schwitze,
ab sofort bleib ich in meinem Haus!“

Hat sie uns wirklich dann verlassen,
diese glühend heiße Sommerzeit,
dann kann der Mensch es auch nicht fassen,
und schon bald hat er die Kälte leid.

Der Eine wünscht sich´s kühl mit Regen,
der Andere schwört auf Sonnenschein.
Könnt der Mensch das Wetter bewegen,
es würd` überall - chaotisch sein.

Ein Igel

Ein Igel wohnt bei mir im Garten,
er ist ein kleines, freches Schlitzohr,
abends muss ich nicht lange warten,
schon kommt er aus seinem Busch hervor.

Trippelt langsam Richtung Terrasse,
hebt dabei den Kopf und schaut recht keck,
läuft hin zu einer Untertasse,
frißt meinem Kater das Futter weg.

Doch mein Kater, dieses Trotteltier,
schaut dem Igel ganz gemütlich zu,
er verteidigt nicht mal sein Revier,
will nichts anderes, als seine Ruh.

Ruck, zuck ist die Untertasse leer,
und der kleine Igel macht sich rar,
mein Kater, er latscht ihm hinterher,
ich glaub fast - die Beiden - sind ein Paar.

Sie erblüht

Wenn Sommertage kürzer werden,
stirbt selbst die allerschönste Rose,
und wenn die Blätter gelb sich färben,
dann erblüht sie - die Herbstzeitlose.

In der Wiese und auch auf dem Feld,
strahlt sie violett um diese Zeit,
und der Herbstwind, der ihr sehr gefällt,
streichelt sanft an ihrem Blütenkleid.

Sie mag es gern, im Herbst zu leben,
öffnet sich auch, an trüben Tagen,
sie trotzt dem Nebel und dem Regen,
bis die Zeit kommt - Lebwohl zu sagen.

Der Grünfink

Im Herbstwind nah einer Wiese,
da flattert ein kleiner Grünfink,
durch sein hin und her Gedüse,
zeigt er, ich bin hier jetzt der King.

Er liebt die Blumen und Gräser,
und jeden Windhauch, der ihn trägt,
die Sonnenstrahlen vermisst er,
trotzdem tanzt er ganz unentwegt.

Nie geht er auf große Reise,
bleibt hier in seiner kleinen Welt,
genießt sie, auf seine Weise,
singt fröhlich unterm Himmelszelt.

Bald kommt das Ende seiner Tage,
dann steht er vor der Himmelstür,
es bedarf auch keiner Frage,
das er sagt: „Herr ich Danke dir.“

Im September

Kühler Ostwind bläst durch den Tag,
ein Wetter, das ich gar nicht mag,
welke Blätter fallen zu Hauf,
ich hoff, es hört bald wieder auf.

Nun regnet´s auch noch richtig laut,
so langsam krieg ich Gänsehaut,
ich halt´ es nicht mehr länger aus,
und hol mir jetzt ´nen Pulli raus.

Das Thermometer sinkt arg schnell,
der Himmel wird dunkler, statt hell,
mein Blick fällt auf den Kalender,
brrrrr, so´n Wetter - im September.

Der kühle Herbst ist in der Näh´

Wenn ich morgens, nah meinem Haus,
vor all den welken Blumen steh´,
dann mit den Worten „ei der Daus“,
im Wald etwas spazieren geh´,
und wenn ich dort am Wegesrand,
die vielen toten Käfer seh´,
dann wird mir klar, ganz uncharmant,
der kühle Herbst ist in der Näh´.

Er wird seine Macht erstreiten,
gibt bis zum Winter keine Ruh,
fließt dann, wie seit ew´gen Zeiten,
unaufhaltsam – seiner Mündung zu.

Der Herbst kam ins Land

Der Herbst kam ins Land, schon vor Tagen,
hat Malutensilien mitgebracht,
verabreicht nun mit bunten Farben,
der Natur eine ganz neue Pracht.

Blüten färbt er innerhalb Stunden,
oker, dunkelrot und violett,
läßt den Nebel tanzten, zig Runden,
auf Feld und Wiesen, wie ein Ballett.

Mit dem Laub der prächtigen Bäume,
deckt er das Fallobst kurzerhand zu,
bald schmückt er mit Rauhreif die Zäune,
und schickt den Sommer - zur letzten Ruh.

Bunter Herbst

Der Herbst, man sieht´s von Stund zu Stund,
hat seinen Farbtopf mitgebracht,
lackiert die Welt nun kunterbunt,
streicht Nebelschwaden durch die Nacht.

Abends schminkt er Blütenblätter,
in Braun, Hellgelb und Violett,
er beherrscht nicht nur das Wetter,
schickt auch Tiere früh ins Bett.

Laub legt er auf Flur und Felder,
macht einen Fleckenteppich draus,
und zieht die grünen Laubwälder,
im Nu ganz splitternackend aus.

Noch Wochen treibt er dieses Spiel,
bis übers Land der Winter schleicht,
mit Eis und Schnee im großen Stil,
macht er des Herbstes Abschied leicht.

Es regnet

Es regnet nun schon tagelang,
da wird´s mir langsam Angst und Bang´,
der Himmel ist grau und trübe,
ich bin von früh bis spät müde.

Sobald die Sonne wieder lacht,
wird mein Garten in Form gebracht,
dann beweg ich meine Glieder,
sing dazu die schönsten Lieder.

Doch so lange es noch regnet,
mir kein Sonnenschein begegnet,
lass ich den Garten, Garten sein,
es schaut doch eh niemand hinein.

Oktober

Der Oktober, keine Frage,
hat die meisten Schmuddeltage,
braungelbes Laub, glatt und schmierig,
darauf laufen, ist meist schwierig.

Auch Nebel ist ein Bösewicht,
man sieht die Hand vor Augen nicht,
Verkehrsunfälle überall,
der alte Mensch kommt leicht zu Fall.

Es hagelt und es regnet viel,
und nachts wird es so richtig kühl,
der Wind heult wie ein kranker Hund,
den ganzen Monat geht's so rund.

Die Sonne läßt sich selten seh´n,
weil dunkle Wolken vor ihr steh´n,
Oktobertage sind ein Graus,
das Beste ist – man bleibt im Haus.

Störche

Jetzt sieht man viele Störche zieh´n,
im goldnen Herbst, wie jedes Jahr,
und wie sie sich um Ordnung müh´n,
für ihren Flug nach Afrika.

Nicht jeder Storch kommt auch zurück,
von solch wahrhaft langen Reise,
denn Ausdauer und etwas Glück,
starten mit, auf ihre Weise.

Der Storch in seiner ganzen Art,
überall, in allen Breiten,
hat trotzdem Gene ausgespart,
für kommende - schwere Zeiten.

Im Monat November

Bäume und Sträucher werden leer,
die letzten Blätter fallen ab,
der Himmel ist ein Wolkenmeer,
es regnet täglich, nicht zu knapp.

Die Felder färben sich in Grau,
und dichte Nebel treten auf,
an allen Orten hängt der Tau,
so nimmt der Spätherbst seinen Lauf.

Auf den Straßen wird es schmierig,
bald kommen Frost und Schnee daher,
manchmal wird's beim Laufen schwierig,
wie stets - im Monat November.

Grünkohl

Im Spätherbst, jeder weiß es wohl,
da erntet man den grünen Kohl,
weil er den ersten Frost dann hat,
findet auch bald, das Essen statt.

Man kann´s niemandem verübeln,
Grünkohl mit Pinkel und Zwiebeln,
ist ein gutes Mittagsmahl,
und im November - erste Wahl.

Und in vielen Orten starten,
schöne Kohl und Pinkel Fahrten,
keinesfalls ist zu verhehlen,
Bier und Schnaps darf da nicht fehlen.

Diese, so tolle Tradition,
gibt es seit vielen Jahren schon,
es wär schön, wenn es so bliebe,
trotz diesem irren – Weltgetriebe.

Der schönste Tag im Jahr

Weiße Flocken schweben und gleiten,
auf Schlitten jubelt ein Kinderpaar,
Mutter muss Essen vorbereiten,
denn der heil´ge Abend ist schon nah.

Der Vater schmückt stolz den Weihnachtsbaum,
mit Kugeln, Kerzen und Engelein,
er verzaubert den gesamten Raum,
denn der soll festlich beleuchtet sein.

Dann, nach viel Mühe, ist es soweit,
die Kinder treten ins Zimmer ein,
Mutter trägt ihr allerschönstes Kleid,
und staunt vor solch einem Lichterschein.

Sie möchte ein Liedlein anstimmen,
in diesem so strahlend hellen Raum,
auch die Kinder sollen mitsingen,
das passende Lied - Oh Tannenbaum.

Und hernach wird es ganz still im Haus,
jeder besinnt sich - und es wird klar,
dies hier ist nicht nur ein Augenschmaus,
es ist wohl - der schönste Tag im Jahr.

Lachen – mal so, mal so

Das Lachen hier auf dieser Welt,
ist, was uns Menschen jung erhält,
denn lachen, das weiß Jedermann,
steckt selbst den Miesepeter an.

Es macht uns alle froh und frei,
wir fühlen uns recht wohl dabei,
aus voller Brust tönt´s: „Ha-ha-ha“,
wenn etwas Tolles grad´ geschah.

Ein “He-he-he“ aus Schadenfreud,
hört man sehr oft von “schelmisch Leut“,
nur nach dem End´ von Streit und Zwist,
wird - echtes Lachen - meist vermißt.

Das “Hi-hi-hi“ kommt auch mal vor,
flüstert man Kindern was ins Ohr,
und dann gibt’s noch die böse Macht,
die mit “He-ha-hi“ das Volk auslacht.

Doch “Ho-ho-ho“ hört jeder gern,
und sei´s auch nur aus weiter Fern,
dies Lachen ist ein Ohrenschmaus,
denn so lacht nur - der Santa Claus.

Vier Kerzen im Advent

Die erste Kerze brennt für Stille,
für Ruhe und Gemütlichkeit,
für Herzlichkeit und für den Wille,
zu leben in Behaglichkeit.

Die zweite Kerze brennt für Hoffnung,
für die Kraft und für den Glauben,
für Vernunft und für die Achtung,
und für die weißen Friedenstauben.

Die dritte Kerze brennt für Anstand,
für Respekt und auch für Güte,
für Gerechtigkeit und für Verstand,
und für´s eigene Gemüte.

Die vierte Kerze brennt für Liebe,
für das Wichtigste auf dieser Welt,
es gäbe nichts das uns noch bliebe,
wär nicht sie, an Nummer Eins gestellt.

ZEITGESCHEHEN

Corona-Zeiten

Keiner kann´s zur Zeit bestreiten,
schlimm sind die Corona-Zeiten,
man kann diesen Virus nicht seh´n,
seine Unart nicht mal versteh´n.

Jeder fragt mit Angst und Bange,
dauert diese Zeit noch lange,
oder wird sie sich bald wenden,
und nach ein paar Wochen enden.

Auf der Straße Maske tragen,
sich in keinen Laden wagen,
Freunde und Verwandte meiden,
nur zuhause sein und leiden.

Überall den Abstand halten,
Arbeit von Daheim gestalten,
Finger weg von Plastiktaschen,
Hände oft mit Seife waschen.

Behörden müssen eingesteh´n,
ein Ende ist nicht abzuseh´n,
jeder muss sein Bestes geben,
dann geht sicher nichts daneben.

Die Devise muss jetzt heißen,
Vorsicht und zusammenreißen,
und wenn die Pandemie vorbei,
dann wird gefeiert – frisch und frei.
Nur noch Corona in der Glotze

Wenn ich abends zuhause entspann,
schalte ich gern mal die Glotze an,
Nachrichten sind meist interessant,
doch heute – Corona - herrscht im Land.

Ich will´s nicht hör´n, hätt´s gerne heiter,
es kommt die Werbung, ich zapp weiter,
möchte lieber einen Thriller seh´n,
doch dann – Virustote - hundertzehn.

Sofort schalte ich auf Fussball um,
in der Halbzeit wird es mir zu dumm,
Eilmeldung, Corona-Pandemie,
und dann – Demonstranten - Hysterie.

Ich zappe schnell zur Talkshow rüber,
verdammt noch mal, mein Blick wird trüber,
ein Mann mit Krawatte, - ´ne rote,
sagt: „Schon dreihundert Covid-Tote“.

Es reicht, ich schalt zum Nachtmagazin,
schaue aber kaum noch richtig hin,
weil ich es bald nicht mehr sehen kann,
nur noch Corona – oh man, oh man.

Gleich geht's ins Bett, nur noch das Wetter,
komm, lieber Schlaf, sei mein Erretter,
schnell schließe ich die Augenlider,
die Glotze ist mir heut – zuwider.

Ozean

Ozean, du hast mit enormer Macht,
schon so viel Unheil, Leid und Tod gebracht,
doch irgendwie bist du die Schönheit pur,
du bist ein wahres Wunder der Natur.

Still und ruhig bist du sehr zu loben,
doch wehe dem, du bist am Toben,
dann zeigst du bitterböse deine Kraft,
die nur durch Windstille abrupt erschlafft.

Ozean, deine Tier und Pflanzenwelt,
wird ständig durch des Menschenhand gequält,
du wirst durch Gleichmut mancher Industrie,
zur riesengroßen Abfalldeponie.

Im Fischfleisch wurde schon Plastik entdeckt,
höchste Zeit, dass man Politiker weckt,
ein Gesetz mit harten Strafen muss her,
denn so wie bislang – geht's wirklich nicht mehr.

Unrat füllt die Meere

Oft saß ich früher am weißen Strand,
hab mich dort so liebendgern gesonnt,
spürte am Körper den weichen Sand,
erblickte Schiffe am Horizont.

Die Seeluft hab ich gern gerochen,
sie war so frisch und äußerst gesund,
bin auch gern mal in See gestochen,
um zu betrachten den Meeresgrund.

Ein jeder Tauchgang war ein Genuss,
und die Unterwasserwelt intakt,
heute tauch ich nur noch mit Verdruss,
Unrat füllt die Meere, das ist Fakt.

Wirbelt eine Welle heut im Meer,
steigt Giftabfall, Müll und Plastik auf,
den gesunden Fisch gibt's bald nicht mehr,
denn, die Ausrottung nimmt ihren Lauf.

Heute sitze ich am weißen Strand,
kann den Meereszustand kaum fassen,
frag, mit gesundem Menschenverstand,
wie können wir – DAS - nur zulassen.

Wasser

Vom Quell stürzt du als Bach zu Tal,
willst das Flussbett schnell erlangen,
bist frisch und klar, hast keine Wahl,
musst irgendwie ins Meer gelangen.

Hast es sehr eilig, folgst deinem Ziel,
fließt durch Wälder und durch Auen,
verbringst auch Zeit mit Wellenspiel,
an dem sich Menschen oft erbauen.

Natur verschlingt dein köstlich Nass,
durch dich erwacht das neue Leben,
drum fließe ständig, ohne Unterlass,
dann wird´s die Welt auf ewig geben.

Wo sind sie geblieben?

Wo sind die Reporter geblieben,
die Berichte noch ehrlich schrieben,
wurden sie aus dem Land vertrieben,
längst ausgeschaltet durch Intriegen.

Sie schrieben oft von bitt´ren Kriegen,
von großen Helden und von Siegen,
von Hexen die auf Besen fliegen,
und Menschen, die im Blute liegen.

Kletterer, die Gipfel bestiegen,
von Taten und furchtbaren Trieben,
von Drohnen, die um Häuser fliegen,
und ferngesteuert höher stiegen.

Wurden sie von staatlichen Riegen,
gezwungen, Nachrichten zu biegen,
um sich in Sicherheit zu wiegen ?
Alles das - scheint doch sehr gediegen !

Herrscher

Herrscher wollen, das ist ihr Wesen,
Gedanken ihres Volkes lesen,
Unruhen wollen sie erblicken,
und sie sofort im Keim ersticken.

In solch Diktatur ist zu nennen,
dass Politiker Hirne trennen,
wer anders denkt, wird eingesperrt,
und schnellstens vor Gericht gezerrt.

Bald hat jeder, mit nur einem Dreh,
einen Chip im Kopf, das tut nicht weh,
Herrscher hören dann von jedermann,
Gedanken am PC, per WLAN.

Das Land in Big Brother umgestalten,
den Einzelnen von oben verwalten,
so denkt der Mensch nur noch Banales,
und vor allem - nichts Radikales.

Manch Herrscher

Manch Herrscher lobt seinen Verstand,
und schwärmt von seinem Intellekt,
doch schaut man in sein großes Land,
hat man bei Reden schnell entdeckt,
dass er doch mächtig übertreibt,
wenn er von seiner Klugheit spricht,
denn das, was davon übrig bleibt,
taugt seiner vielen Worte nicht.

Fortschritt nennt er die Zerstörung,
und Wachstum ist für ihn Kultur,
er besteht auf Machterhöhung,
und hört das Ticken nicht, der Uhr.

Gleich sind ihm verdreckte Meere,
ihn stört kein Schmutz in Fluss und Luft,
er will Krieg und große Heere,
weil ihn die Geldgier ständig ruft.

Er rafft das, was er kann kriegen,
fragt nicht danach, wem es gehört,
den Gestürzten lässt er liegen,
erklärt den Mitmensch als gestört.

Tatsachen will er nicht sehen,
es ist nur der Profit, der zählt,
er will stets ganz oben stehen,
selbst wenn er seine Umwelt quält.

Viel zu spät wird er erkennen,
dass Intellekt kein Freibrief ist,
der Realist wird's Dummheit nennen,
das, was in seinem Kopfe frisst.

Ungeheuere Macht

In jedem Lebewesen steckt eine Kraft,
die alles bewegt und die stets alles schafft,
es ist eine so ungeheuere Macht,
die ständig voran treibt, bei Tag und bei Nacht.

Nichts auf der Welt ist stärker, nichts hält sie auf,
wenn´s sein muss, verbiegt sie Gewehren den Lauf,
sie bringt zusammen, was zusammen gehört,
geht ihren Weg, selbst wenn ein Problem sie stört.

Sie ist die Hoffnung, der Weg und auch das Ziel,
der, der auf sie baut, gewinnt unendlich viel,
sie will keinen Reichtum, es lockt sie kein Geld,
sie überwindet jede Grenze der Welt,
gäb es sie nicht, wär nichts da was uns bliebe,
diese ewige Macht, trägt den Namen - LIEBE.

Schlimme Sachen

Auf der Welt gibt's schlimme Sachen,
die sehr viele Menschen machen,
es gibt den Krieg und auch den Tod,
und immer größer wird die Not.

Auch Vergewaltigung und Mord,
gibt´s heute fast an jedem Ort,
mehr, als manche Leute ahnen,
kommen schnell auf schiefe Bahnen.

Diebstahl, Raub und Geiselnahmen,
täglich steigt die Zahl der Armen,
Rentner müssen Flaschen sammeln,
nicht genormtes Obst muss gammeln.

Wer kann das alles noch versteh´n,
wie soll´s in Zukunft weitergeh´n,
kommt noch irgendwann die Wende,
oder sind wir wirklich schon -
mit unserm Latein - am Ende ?

Die Strategen

Politik für kleine Leute,
gibt's nirgends mehr auf dieser Welt,
es zählt nur noch Eines heute,
Egoismus, Macht und das Geld.

Hauptsache die eignen Taschen,
werden möglichst schnell gefüllt,
es gibt längst schon viele Maschen.
die diese Raffsucht mächtig stillt.

Doch diesen üblen Volksbeschiss,
den kann niemand klar belegen,
am Jahresend ist dann gewiss,
Gewinner sind – die Strategen.

Stell dir vor ...

Ein Dieb brächte Geklautes zurück,
und ein Armer fänd` beim Reichen Glück,
Banker machen Gewinn für alle,
kein Kunde tappt` mehr in die Falle.

Die Weisen würden stets geachtet,
Mörder hätten Sanftmut gepachtet,
Banditen sängen Serenaden,
und Bosse frönten Love-Paraden.

Die Kranken sprängen aus den Betten,
und Starke würden Schwache retten,
Kinder dürften schrei´n an jedem Ort,
und den Kampfgegner gäb´s nur beim Sport.

Die Tränen wären Freudentränen,
und Dummheit wär nur was zum Gähnen,
kluge Menschen wären an der Macht,
jeder Menschenfeind würd` ausgelacht,
alles Böse würde kaltgestellt -
ach, wäre das – eine schöne Welt.

Obdachlos

Hungrig, ungepflegt, hager und blass,
so sitzt er täglich am Straßenrand,
bebt und zittert ohne Unterlass,
niemand nimmt hilfsbereit seine Hand.

Was hat dieser Mann nur durchgemacht,
und warum hat er kein Zuhause,
warum hat er kein Bett für die Nacht,
er ist doch schließlich kein Banause.

Für Fremde werden Häuser gebaut,
was das Herz begehrt, bekommen sie,
Facharbeit wird ihnen zugetraut,
doch das ist nichts, als nur Utopie.

Der Obdachlose ist bedürftig,
Ämter bieten keine Hilfe an,
als Nichtsnutz ist er überflüssig,
wird behandelt – wie ein Scharlatan.

Wir leben in einer irren Welt

Wir leben in einer irren Welt,
die manchem schon lang nicht mehr gefällt,
morgens wachen wir mit Kopfschmerz auf,
und sind auch tagsüber mürrisch drauf.

Wir verdienen viel zu wenig Geld,
können nicht mehr reisen um die Welt,
bewohnen zwar ein recht schönes Haus,
doch froh und sorglos sieht anders aus.

Wir leben nicht mehr gut hier im Land,
essen nur selten im Restaurant,
schöpfen längst nicht mehr aus dem Vollen,
auch wenn wir es gern anders wollen.

Kinder haben den Respekt verlor´n,
werden als Egoisten gebor´n,
gutes Benehmen kennen sie nicht,
sie verstecken ihr wahres Gesicht.

Irre laufen mit Messern herum,
bringen unschuldige Menschen um,
über die Strafe muss man lachen,
sie werden stets so weiter machen.

Kinderschänder gibt´s wie Sand am Meer,
wo kommen solch Kreaturen her ? -
Will man Opfern helfen in der Not,
ist man am Ende – auch selber tot.

Alle vier Jahre

Plappern Regierende mit langem Wortgefüge,
sollte man gut hinhören, es ist meist nur Lüge,
denn vor den Wahlen wird uns alles versprochen,
und nach den Wahlen wird das Meiste gebrochen.

Arbeit ist für alle da und mehr Geld für jeden,
Pflegeplätze und Kitas soll´s auch mehr geben,
wer dies Geschwindel glaubt und darauf auch noch hört,
der ist wirklich nicht zu retten, der ist gestört.

Ein Bild sollte sich jeder rechtzeitig machen,
damit Politiker sich nicht ins Fäustchen lachen,
denn Versprechen brechen, ist deren Devise,
sie woll´n für´s Volk nicht das Gute, sondern das Miese.

Alle vier Jahre sind Parolen zu hören,
gleich danach darf aber kein Wähler mehr stören,
es geht dann um Verteilung der Ämter und Würden,
um hohe Diäten einhamsten, ohne Hürden.

Ministerposten und Vorsitz im Aufsichtsrat,
nur das ist für sie rentabel, da sind sie parat,
die Belange der nervigen Wählerschaft,
werden erst einmal ganz weit bei Seite geschafft.

Dreieinhalb Jahre wird dann alles verschoben,
und tag ein tag aus das Volk rotzfrech belogen,
doch beginnt dann der heikle Wahlkampf wieder,
versprechen sie Aufschwung, trillern Wohlstandslieder.

Stets kommen die alten Versprechen auf den Tisch,
he ihr Politiker, der stinkt doch, der alte Fisch,
was ihr uns präsentiert, das schlucken wir nicht mehr,
bei der nächsten Wahl muss dringend - was anderes her.

Sie ernten, was sie gesät

Es heist bei uns zwar Demokratie,
doch wirklich frei sein dürfen wir nie,
überall wird alles kontrolliert,
man wird mit Abgaben schikaniert.

Ins Ausland werden Millionen verschenkt,
die Beschenkter in eig´ne Taschen lenkt,
hier spart man das Geld bei den Armen ein,
und stellt sogar noch dem Rentner ein Bein.

Freies Denken ist hier kaum noch erlaubt,
obwohl keiner den Regierenden glaubt,
ganz egal, was einer von Denen spricht,
keiner zeigt jemals sein wahres Gesicht.

Die Versorgung im eig´nen Land ist schlecht,
doch das Volk bekommt kein Mitspracherecht,
es wird bald zur Selbstjustiz getrieben,
damit die Kinder Sicherheit kriegen.

Und stellt man unangenehme Fragen,
hat man die Ortnungshüter am Kragen,
die Politik, die zu Verständnis rät,
vergißt, das sie erntet, was sie gesät.

Es herrscht die Wut

Es herrscht die Wut, sogar schon Zorn,
als Mensch hat man den Mut verlor´n,
was man erschaffte, fließt dahin,
so ist das Leben ohne Sinn.

Durch Corona ins Aus gestellt,
um jede Lebenslust geprellt,
von der Zukunft fast weggesperrt,
fragst man sich, was läuft da verkehrt.

Stets hat man alles gegeben,
jetzt zerstört Covid das Leben,
Hausarrest, die Zeit läuft davon,
Existenzangst, das ist der Lohn.

Hört man Politiker reden,
dort im Schlaraffenland Eden,
wie sie´s Volk tagtäglich quälen,
und ihre Moneten zählen.

Die, die den Wähler verarschen,
mit Sprüchen, frechen und barschen,
die reden, die Zukunft wird schön,
um vom Dilemma nichts zu seh´n.

Doch so darf es nicht weitergeh´n,
die dort oben müssen´s versteh´n,
dass man längst schon die Wahrheit kennt,
und nicht mehr blind - durch´s Leben rennt.

Nur noch vorwärts

Lasst uns das Unmögliche schaffen,
wir müssen jetzt aufhör´n zu gaffen,
es liegen zig Probleme vor uns,
sie zu lösen, grenzt an schwarzer Kunst.

Wenn wir es wollen ist es machbar,
nur die Regierung ist nicht tragbar,
wir machen´s jetzt, bevor´s zu spät ist,
sonst ist sie vorbei, die letzte Frist.

Wir müssen Politiker bloßstell´n,
damit sie aufhör´n uns anzubell n,
wir haben wirklich nicht mehr viel Zeit,
es ist kein Platz mehr für Richtungsstreit.

Unser arbeiten und das Sparen,
nicht´s hat´s gebracht, in all den Jahren,
wenn wir jetzt nicht umgehend handeln,
werden wir die Zukunft verschandeln.

Nur Machtkampf tobt auf der ganzen Welt,
und meistens geht es um unser Geld,
systematisch wird die Wirtschaft zerstört,
das Elend hier im Land bleibt ungehört.

Wir müssen nutzen, die letzte Chance,
sonst wird siegen, irgendein Bonze,
höchste Zeit wird's, für den ersten Schritt,
und dann vorwärts - und niemals zurück.

Zukunft

Jeder hat den großen Traum von ihr,
jeder weiß sie kommt bestimmt zu mir,
jeder will sie äußerst gut gestalten,
jeder möchte recht lang in ihr walten,
jeder kann sich seiner sicher sein,
jeder lebt mit ihr nicht ganz allein.

Doch immer wieder gibt es da Personen,
kein Schuss Pulver würd´ sich für die lohnen,
sie zerstören Land, Luft und das Meer,
verachten Menschen, Tier und Umwelt sehr,
zertrümmern alles, schreien rund um die Uhr:
„Gesellschaft, glaubt uns, wir woll´n das Beste nur !"

Wenn jeder selbst die Zukunft nimmt zur Hand,
wenn jeder zieht mit ihr durch´s Vaterland,
wenn jeder aus ihr macht das Beste,
wenn jeder zeigt die weiße Weste,
dann kann er tönen mit Bravour:
„Ich erlebe jetzt – die Zukunft pur !"

ZUM SCHMUNZELN

Nach dem Einkauf

Er machte den Kofferraum auf,
lud den gesamten Einkauf ein,
spürte enorm seinen Kreislauf,
doch die Ware musste hinein.

Den Deckel hat er zugeknallt,
nachdem die Güter eingestemmt,
die Frau fuhr los, hat´s nicht geschnallt,
dass er den Schlips mit eingeklemmt.

Sie hat`s gar nicht wahrgenommen,
und raste auf die Autobahn,
er lief schnell, um mitzukommen,
rannte schließlich “mit Affenzahn“.

Dieser Spurt war echt beschissen,
doch trotzdem hatte er noch Glück,
denn sein Schlips war abgerissen,
und er blieb unverletzt zurück.

Am Straßenrand blieb er zurück,
musste erstmal kräftig schnaufen,
die leere Standspur war sein Glück,
er konnt´ dort - locker auslaufen.

Per Anhalter

Werner trifft seinen Freund Gerd vor´m Cafe,
in einem nagelneuen Sport-Coupe:
„Sag mal, wie hast du das bloß gemacht – he?,
warst ein armer Hund, wie hier die Meisten,
konntest dir nicht mal ein Moped leisten !"

„Ach weißt du, ich stand an der Straße rum,
als Anhalter, einfach nur still und stumm,
ich war wohl keinem Fahrer willkommen,
doch dann – hat mich ´ne Frau mitgenommen.

An der Ausfahrt im Wald, fuhr sie hinaus,
hielt an und zog ihren Nerzmantel aus,
zum Schluß das Höschen, dann war sie ganz nackt,
und ich hab sie vorsichtig angepackt !“

„Sie raunte leis“: „Laß diese Fummelei,
nun greif richtig zu, was ist schon dabei,
du kannst von mir doch alles bekommen !“
„da hab ich das Sport-Coupe genommen,
Schmuck und Mantel hab ich nicht angefasst,
und das Höschen – hätt´ mir eh nicht gepasst !“

Golffreunde

Ein gutbetuchter Mann aus Köln am Rhein,
der lud am Sonntag acht Golffreunde ein,
seine Frau, jung, hübsch und immer agil,
er selbst über sechszig, ein Mann mit Stil.

Beide schienen sich mächtig zu lieben,
doch Kinder sind bislang ausgeblieben,
und deshalb sprach er: „Liebe Collegen,
mein Frauchen ist schwanger, welch ein Segen,
wir wissen es erst seit ein paar Tagen,
und sind sehr glücklich, möcht ich euch sagen !“

Die Golffreunde hörten aufmerksam zu,
zwei Minuten herrschte völlige Ruh,
bis einer im Kreis fragt und hämisch lacht:
„Und – hast du schon 'nen bestimmten Verdacht ?“

Mann an der Bar

Allein sitzt ein Mann an der Bar,
mit goldner Armbanduhr - ein Star,
neben ihm ´ne sehr hübsche Frau,
sie taxiert den Mann ganz genau.

Denn der hat die Uhr oft berührt,
und danach stets ans Ohr geführt,
jetzt muss sie ein Gespräch starten:
„Na, lässt Ihr Schatz auf sich warten ?“

„Nein, nein, mein Fräulein, keine Spur,
das ist 'ne Telepathik-Uhr,
die kann vielerlei erkennen,
und alles beim Namen nennen !“

„Jetzt sagt sie mir, bis ich es lösche,
SIE tragen keine Unterwäsche !“
„Die muss defekt sein, guter Mann,
ich habe drunter alles an."

Der Mann blickt auf, äußerst erstaunt,
bevor er lächelnd zu ihr raunt:
„Ich hab die Uhr jetzt ganz fest am Ohr,
sie sagt - sie geht bloß 'ne Stunde vor !“

Wie schreibt man das?

Auf dem Weg zum Freilichttheater,
meint Tochter Elvira zum Vater:
„Die Blumen dort, sind schon am welken, -
sind´s Chrysanthemen oder Nelken ?"

Der Paps muss sich zusammennehmen:
„Selbstverständlich sind´s Chrysanthemen !"
Elvira fragt, - gewiss nicht zum Spaß:
„Und, lieber Paps, wie scheibt man das ?"

Lächelnd kommt vom Vater die Antwort:
„Die bereits welkenden Blumen dort,
ich meine auch, mein geliebtes Kind,
dass es wohl doch - eher Nelken sind !"

Am Wiesenrand

Es gab ´ne Kuh, namens Liese,
die lag gerne in der Wiese,
und ´nen Bullen, der stämmig war,
den fand sie toll und wunderbar,
außerdem, so sollt´ es wohl sein,
war´n beide im Hörnerverein.

Still lagen sie am Wiesenrand,
als sie sich ihrem Freund zuwand,
„Stehst Du noch voll und ganz im Saft,
oder fehlt dir zum Akt die Kraft ?“

„Du weißt, wie sehr ich dich liebe,
doch nie spür ich deine Triebe,
wenn wir auf der Wiese liegen,
muss ich mich in Hoffnung wiegen."

Er blickte nur nichtssagend drein,
begriff, sie möchte tragend sein,
denn Nachwuchs ist der Dame Zier,
drum sprach er zum geliebten Tier:
„Schatz, du bist geil, das ist wohl In,
nur schad´ - dass ich ein Ochse bin !“

Geiz ist geil

Herr Lehrer Lang fragt seinen Schüler,
den Mathe-Muffel Herbert Rühler:
„Wenn achtzig Birnen vor dir liegen,
egal wie groß, wie viel sie wiegen,
zehn Prozent davon, gibst bitte mir,
wie viel Birnen bleiben dann bei dir ?“

„Achtzig Birnen nach wie vor, Herr Lang,
eine Bitte - ist schließlich kein Zwang,
ich bin vielleicht dumm, aber nicht krank,
für mich zählt - Geiz ist geil – Gott sei Dank !“

Die junge, hübsche Marianne

Splitternackt steigt sie aus der Wanne,
die junge, hübsche Marianne,
sie glaubt, wie immer, sie sei allein,
da schaut ein Fensterputzer rein.

Einen Meter vor ihr steht der Mann,
„huch“ schreit sie und starrt entsetzt ihn an,
doch er sagt ruhig: „Was ist gescheh´n,
hab´n sie noch nie - einen Mann geseh´n ?“

Mutter, Vater und Sohn

Die Meyer´s haben einen Sohn,
der weint im Bett und schläft nicht ein,
das passierte zwar öfter schon,
doch heute ist er laut am schrei'n.

Die Mutter sagt ganz händeringend:
„Er braucht den Schlaf, er ist so klein.
deshalb versuch ich´s jetzt mal singend,
vielleicht schläft er dann endlich ein.“

Doch dem Vater gefällt das nicht,
will es seinem Kind nicht zumuten,
und sagt´s der Mutter ins Gesicht:
„Versuch's doch erst einmal - im Guten !“

Der Bus nach Siegen

In einem Vorort nahe Siegen,
stand ein Bus, den wollte ich kriegen,
doch den Weg versperrten mir Ziegen,
mir schien es irgendwie gediegen,
ich fiel hin und blieb einfach liegen,
am Kopf hatte ich schwarze Fliegen,
war´n wohl vom Ziegenhirt Intriegen,
er musste sich vor Lachen biegen,
denn die Ziegen, die auf mich stiegen,
begannen sich an mich zu schmiegen,
ich erhob mich, wollte nach Siegen,
doch den Bus konnt ich nicht mehr kriegen,
er war schon „wech“ - soo´n Pech.

Stockbesoffen

Zwei Freunde haben sich nach Jahren getroffen,
ein paar Stunden später sind sie stockbesoffen.
„Du ha.. ha.. hast doch bestimmt noch etwas Zeit,
zu m.. m.. meiner Wohnung ist es nicht weit,
ein paar Stufen mü.. mü.. müssen wir steigen,
dann ka.. ka.. kann ich Dir die Räume zeigen."

„Hier ist die Stu.. Stu.. Stube, da die Küche,
Du mer.. mer.. merkst schon, da sind noch Gerüche,
wir ha.. ha.. hatten nämlich gestern Bra.. Bra.. Braten,
und di.. di.. dies ist unser Bad mit Bl.. Bl.. Blick zum Garten.

Dieser große Rau.. Rau.. Raum ist eine Zier,
in diesem Schmu.. Schmu.. Schmuckstück schlafen wir,
die dort im Be.. Be.. Bett, das ist mei.. mei.. meine Frau,
sie ist li.. li.. lieb, nett und treu, ich wei.. wei.. weiß es genau,
sieh nur wie sie da schlä.. schlä.. schläft, ganz anhänglich,
und d.. d.. der daneben, - - - da .. da.. das bin ich !"

Ich kauf nicht gerne ein
(Melodie: Ich fahr so gerne Rad) – Peter Petrel

Ich kauf nicht gerne ein,
ich kauf nicht gerne ein,
wenn ich alles hab, will ich ganz schnell geh´n
und nicht stundenlang an der Kasse stehn.
Oft werd ich auch brutal,
und rufe verdammtnochmal,
heute will ich zuerst an der Kasse sein -
ich kauf nicht gerne ein.

Ich kauf nicht gerne ein,
ich kauf nicht gerne ein,
wenn die Kunden vor Regale steh´n,
und nicht einen Schritt an die Seite geh´n,
dann gibt's von mir ´nen Tritt,
und ich schrei laut - i gitt,
ihr Leute stört hier beim Einkauf ganz ungemein -
ich kauf nicht gerne ein.

Ich kauf nicht gerne ein,
ich kauf nicht gerne ein.
Wenn die Sonne scheint, die Winde weh´n,
und die Leute drängelnd durchs Kaufhaus geh´n,
dann geh ich ins Lokal,
und denke, ihr könnt mich mal,
heute abend um kurz vor neun, geh ich ganz allein dort rein
-
dann kauf ich gerne ein.

Die Zündschnur

Der Peter hebt vor dem Spiegel seinen Arm,
spannt die Muskeln an, dabei wird ihm ganz warm.
richtig stolz sagt er zu seiner Frau Birgit:
„Das hier ist ´ne volle Ladung Dynamit !“

Seine Frau schaut ihn kurz und liebevoll an,
lächelt leicht vor sich hin und antwortet dann:
„Ja, ja, das ist ganz toll, mein lieber Peter,
doch die Zündschnur ist bloß - sechs Zentimeter !“

In der Metzgerei

Oft, beim Einkauf in der Metzgerei,
da fragen Kunden so allerlei,
eine von ihnen ist die Frau Linn,
sie fragt freundlich die Verkäuferin:

„Wieviel kosten denn die Würstchen dort ?“
„Zehn Stück, sechs Euro – das ist Import !“
„Sie betonten grad das Wort Import,
her je - was bedeutet dieses Wort ?“

Die Verkäuferin spricht ganz höflich:
„Nur so ist Günstig-Einkauf möglich,
ich bin ehrlich und sag´s ungeniert,
diese Würstchen werden eingeführt.“

„Wunderbar, daß sie es mir sagen,
und gut von mir, danach zu fragen,
ich nehm and´re, Fräulein Annette,
weil ich sie gern - zum Essen hätte !“

Im Zoo

Ein stolzer Vater führt irgendwo,
seine Söhne in den großen Zoo,
die Jungs 3, 5 und 6 Jahre alt,
haben grad mal den Eintritt bezahlt,
da sagt ein Mann leise zum Vater:
„Ich als Dienstmann, bin auch Berater,
schaun sie mal hin zu den Giraffen,
gehn Sie bitte nicht zu den Affen,
weil die jetzt ihre Laufzeit haben,
und das ist nichts für kleine Knaben !"

Der Vater winkt ab, sagt primitiv:
„So´n Quatsch, die sind doch viel zu naiv,
die glauben noch an den Weihnachtsmann,
und finden da ganz bestimmt nichts dran,
meine Kinder sind wie die Vielen,
die sich freu´n, wenn die Affen spielen !"

Dann vor Ort, der Große muss lachen:
„Vater schau, was die Affen machen,
hier draußen, wo´s jeder sehen kann,
da gehen die aber ganz schön ran !"
Der Fünfjährige sagt völlig gelöst:
raffiniert, wie der von hinten stößt !"

Der Jüngste meint, die Augen klimpern:
„Dass die danz ohne Dummi pimpern,
die ham doch wohl überhaupt kein Schiss,
jeder weiß doch - wie defäährlich das is !"
Das Vorstellungsgespräch

Ich, der Personalchef Kurt Stauchen,
sag Ihnen klar, wen wir hier brauchen:
„Eine Kraft, die keine Arbeit scheut,
und dienstbereit ist, möglichst noch heut,
eine die gesund bleibt - jahrelang,
die keinen Streit kennt und keinen Zank !“

„Da bin ich hier doch genau richtig,
auch mir sind diese Punkte wichtig,
jeden Tag für die Firma da sein,
ohne Zank und Streit und Krankenschein,
Sie können mich auf Anhieb buchen,
ich helf Ihnen doch gern – beim Suchen !“

Ein Bettler

Einst sah ein Bettler eine Hühnerfarm,
und schlurfte dem Besitzer entgegen,
mit Gehstock und Bündel über dem Arm,
konnte er sich nur langsam bewegen.

Leis, mit rauchiger Stimme sagte er:
„Ich hätt Sie gern um etwas gebeten,
Sie sind doch sicher ein gütiger Herr,
könnten Sie mir zwei Eier abtreten ?"

Minuten später war der Notarzt da,
und brachte den Bettler ins Krankenhaus,
die OP verlief gut und wunderbar,
danach fragte der Doktor ihn aus.

Der Bettler erzählte von dem Hühnerhof,
wiederholte alles sehr beklommen:
„Ich glaub, der Besitzer war etwas doof,
hat meine Bitte – wohl zu wörtlich genommen !"

Als Springer im Betrieb

Als Springer von Betrieb zu Betrieb,
ständig in einer anderen Stadt,
das findet der Walter recht und lieb,
weil er stets ´ne neue “Biene“ hat.

Bei einer netten, blonden Süßen,
ist er fast jeden Monat zu Gast,
drum denkt er: „Ist doch zu begrüßen,
dass bei ihr mein Haustürschlüssel passt !“

Beim letzten Mal, da traf er sie an,
spät abends, sie war ohne Kleidung,
er machte sich spontan an sie ran,
spürte die innige Zuneigung.

Doch plötzlich sprach sie: „Lieber Walter,
ich höre Schritte hinter der Tür,
versteck dich schnell, das ist mein Alter,
der ist im nächsten Augenblick hier !"

Zum Glück stand im Eck ein Kleiderschrank,
Walter stieg ein, rieb verdutzt sein Kinn,
glaubte ernsthaft, er sei geisteskrank -
im Kleiderschrank – stand schon einer drin.

Kaufen und sparen

Herbert nervt Gerda mit Fragen:
„Was kaufen wir uns für´n Wagen ?"
„Er soll flott sein und was nützen,
gut wär einer mit zwei Sitzen,
weil man mit dem, so ab und an,
sogar noch mächtig sparen kann !"

Doch seine Angetraute spricht:
„Ach Herbert, das gefällt mir nicht,
wir brauchen doch kein Sportcoupè,
Geld sparen müssen wir – ok,
weil wir demnächst, wie seit Jahren,
mit Freunden ins Ausland fahren."

Herbert lacht und antwortet fluchs:
„Gerda, ich bin ein schlauer Fuchs,
an künftigen Urlaubstagen,
fahren wir mit DEREN Wagen,
und so erkennst auch Du es dann -
dass man durch KAUFEN - sparen kann !"

Kontinent Afrika

„Heute ist ein Kontinent dran“,
spricht Lehrer Kraus in der Klasse,
„mit den Menschen fangen wir an,
reden von Brauchtum und Rasse.“

„Wir beginnen mit Afrika,
den Kontinet, den jeder kennt,
euch allen ist auch sicher klar,
dass man die Leut dort, Schwarze nennt.“

„Kann mir einer von euch sagen,
wie weit entfernt Afrika ist,
Klaus-Dieter, willst du es wagen,
weil du doch stets der Erste bist ?“

„So ganz genau weiß ich es nicht,
doch all zu weit kann es nicht sein,
ein Schwarzer, hier bei Firma Ficht,
geht zum Mittagessen – immer heim !“

Drei Weinbauern

Drei Weinbauern, Erich, Josef und der Karl,
die treffen sich einmal jährlich im Lokal,
sie kommen aus drei verschiedenen Orten,
und keltern Weine verschiedener Sorten.

Sie sprechen über Ernte und Dies und Das,
hauptsächlich jedoch über´s köstliche Nass,
der Name des Weines – haben sie entdeckt -
ist meistens wichtiger, als dass er gut schmeckt,
drum wollen sie den Heimatfluss einbinden,
und damit den richtigen Namen finden.

Der Erich, mit Weinberg am Rhein, meint alsdann:
„Dem Fluss hänge ich hinten noch etwas an,
meinen Wein werde ich Rheinschwärmer nennen,
ich schätze, so wird ihn bald jeder kennen!“

„Erich, Dein Wein wächst am Rhein, meiner am Main,
ich, der Josef, stimme bedenkenlos ein,
der Name ist Spitze, einfach genial,
ich denke Mainschwärmer, klingt auch optimal!“

Der Karl spricht leise und etwas verlegen:
„Ich hab ja eigentlich gar nichts dagegen,
im Gegenteil, der Name ist wunderbar,
doch es geht nicht, - mein Weinberg - liegt an der Ahr !“

Geflügelmarkt

„Unerhört, die Kunden von heute,
sie schauen sich ein Huhn drei mal an,
betatschen es wie ´ne Jagdbeute,
drehen es um und schnuppern daran.

Ich bin ja geduldig - beträchtlich,
ein Huhn ist doch ein tolles Gericht,
doch die Kunden blicken verächtlich,
gehen weiter und kaufen es nicht.

Was wollen die denn - Gott, gerechter?
Solch ein Huhn ist doch wirklich ein Schmaus!“
Der Freund seufzt: „Ich habe drei Töchter,
schon reifer – glaub mir, ich kenn´ mich aus!“

Im Kindergarten

„Hallo Kinder, ich möcht euch fragen“,
sprach die Kindergärtnerin Frau Nehr,
„wer von euch kann mir denn wohl sagen,
wo kommen die kleinen Kinder her?“

Der Peter flüsterte recht kläglich,
weil er alles auf kaufen bezog:
„Im Versandhaus ist alles möglich,
da bestellt man sie im Katalog.“

Die Karin sprach etwas beklommen:
„Ich glaube, wenn auch nicht unbedingt,
habe auch nichts and'res vernommen,
dass der Klapperstorch die Kinder bringt.“

Und Jens meinte, murmelnd nach innen:
„Solch eine Frage ist mir zu schwer,
darauf kann ich mich nicht besinnen,
das ist doch schon viel zu lange her.“

Jennifer sagte laut und konkret:
„Es ist klar und kann nicht anders sein,
man singt doch, ihr Kinderlein kommet,
also bringt sie der Weihnachtsmann rein!“

Nur Tom, den die Frage nicht freute,
der antwortete, nicht ohne Pein:
„Frau Nehr, wir sind ganz arme Leute,
mein Papa macht stets - alles allein!“

Ständig kalte Füße

Der Doktor Kunze ist bekannt,
hat eine Praxis auf dem Land,
um acht Uhr früh kommt Landwirt Brehm,
mit einem lästigen Problem.

Der Arzt fragt: „Wie geht es Ihnen,
womit kann ich heute dienen?“
„Ach Doc, ich glaub ich werde alt,
ständig sind meine Füße kalt!"

Doc Kunze, auch ein ält´rer Mann,
sieht Herrn Brem voller Mitleid an:
„Ich bin ein Mensch, der Sie versteht,
weil mir es ganz genau so geht,
der schwache Blutdruck macht uns krank,
doch gibts ein Mittel, Gott sei Dank !

Bei meiner Frau, sie ist jung und süss,
da steck ich abends meine Füß',
auch wenn ich sie meist erschrecke,
gerne - unter ihre Decke,
von meinen Füßen kommt Applaus,
und manchmal wird auch mehr daraus!"

„Jaaa, Doc, den Rat nehm ich gern an,
Sie sind ein so erfahr´ner Mann,
als Patient bin ich bereit,
wann hat denn Ihre Frau - mal Zeit?“

Von wem hat er da ?

Lehrer Brink trifft Frau Hinz in der Stadt,
und fragt nach ihrem Sohn, dem Hagen,
„Was findet in Ihrem Kind denn statt,
er stellt mir Unmengen von Fragen?“

„Ich sagte es Ihnen neulich schon,
irgend etwas bewegt den Knaben,
dieser WISSENSDURST von Ihrem Sohn -
von wem mag er den denn nur haben?“

Die Mutter erwidert ohne Zier:
„Von jedem Elternteil fällt was ab,
das WISSEN hat er sicher von mir,
und den DURST - hat er von seinem Pap!“

Vier hat jeder Mann

Es hört sich sicher seltsam an,
doch vier davon hat jeder Mann,
ohne könnte er nicht leben,
es ging einiges daneben.

Man muss sich nur drauf besinnen,
anfangs hat er - einen Dünnen,
der dann, wenn man den Sinn versteht,
in einen Dicken übergeht.

Doch trotz Arbeit und sich schinden,
hat fast jeder einen Blinden,
und zwischendurch, bei einer Rast,
spürt er ganz plötzlich seinen Mast.

Ich sag´s jetzt hier mal haargenau,
dies alles - hat auch eine Frau,
ob klein, ob groß, ob reich, ob arm,
ein jeder Mensch - hat einen Darm.

Dienstbeginn

Der Chef trifft Frau Kroh beim Pförtner an,
er blickt sehr böse und spricht sodann:
„Halb Acht, schau´n Sie doch mal zur Uhr hin,
bereits um Sieben - war Dienstbeginn,
was hilft es schon, wenn man viel verspricht -
der gute Vorsatz - reicht nun mal nicht!“

„Ach ja, das versteh ich“, sagt Frau Kroh,
„mir geht es heute – doch ebenso!“

Halloween

Wildes Geschrei am Gartentor,
was geht denn dort heut Abend vor,
Geister, Hexen, Kürbisfratzen,
tanzen wild und machen Faxen.

Sie poltern grölend bis vors Haus,
der Nachbar keift: „Oh je, oh Graus,
ich halt´s nicht aus, lasst mich in Ruh !“
Dann knallt er wild die Türe zu.

Macht kurz darauf auch wieder auf,
bringt Süßigkeiten mit, zu Hauf,
ist ganz plötzlich guter Dinge,
lauscht dem Krach und dem Gesinge.

Hebt einen Fratz empor und lacht:
Verzeih, ich hab nicht dran gedacht -
wenn Geister durch die Straßen zieh´n,
ist wieder einmal - Halloween.

Er kennt dich

Täglich zeigt er dir dein wahres Gesicht,
er kennt dich, verstellen kannst du dich nicht,
vor Ihm bleibt nichts, rein gar nichts verborgen,
er sieht dich meist schon am frühen Morgen.

Er sagt keinen Ton, betrachtet dich nur,
sieht deine total zerzauste Frisur,
erkennt Fältchen und auch tiefe Falten,
macht Dir klar, du gehörst zu den Alten.

Auch kennt er deine traurigen Züge,
kennt sogar dein Lachen zur Genüge,
er kennt dich auch mit verheultem Gesicht,
sieht jede Träne, auch bei schwachem Licht.

Oft schon hast du ihm die Zunge gezeigt,
hast ihm auch lauthals die Meinung gegeigt,
doch heute willst du vor ihm - nur noch Ruh,
deckst den SPIEGEL - mit einem Handtuch zu.

Mal hängt er, mal steht er

Eine Studie hat klar belegt,
dass er meist in Baderäumen hängt,
dort wird er stets gehegt und gepflegt,
gründlicher, als manch einer wohl denkt.

Anders spricht man über Schlafzimmer,
von diesen kuschelig warmen Räumen,
dort steht er gut und auch fast immer,
sein Anblick ist etwas zum Träumen.

In Fluren und schönen Garderoben,
hängt oder steht er auch sehr häufig,
wird vielfach hin und her geschoben,
das ist auch allgemein geläufig.

Nur in Toiletten hängt er flach,
diese Enge lässt auch nicht mehr zu,
ist er zu alt, kommt er unters Dach,
dort hat - jeder Spiegel - seine Ruh.

An einer Kreuzung

An einer Kreuzung mit Ampel,
hält der Polizist Franz Hampel,
lauthals brüllend ein Auto an,
und spricht zu dem Fahrer alsdann:

„Sie sind hier bei Rot durchgedüst."
„Nein, das stimmt nicht, Herr Polizist."
„Hören Sie, ich weiß es genau!"
„Kann schon sein, ich bin schließlich blau!"

„Ach blau – und dann fahr´n Sie bei Rot,
dafür gibt's nur eins – Fahrverbot,
geben sie mir den Füherschein,
den zieh ich hiermit, sofort ein!"

„Zieh`n se´n ein, schnell, gelb ist gerad,
und gleich wird´s Grün - jammerschad,
beim nächsten Mal nehm ich mir Zeit,
jetzt geht`s nicht, ist Grün - tut mir leid!"

Der Dirigent

Was war denn nur mit dem Orchester los,
hat es der Dirigent heut nicht gepackt,
Kenner war`n verblüfft, das Chaos groß,
wie der mit dem Stab nur "Luft zerhackt".

Instumente setzten ein – warum,
die überhaupt nicht dran war`n - welch Graus,
fragend sah man sich an - eher dumm,
doch dann kam der Grund sehr schnell heraus.

Sie flog Kurven, kam, hat sich getrennt,
dann wurden es wohl zu viel Hiebe,
sie kroch in die Nase vom Dirigent,
kurz drauf machte die Fliege - "die Biege".

Jogging

Jogging ist doch die beste Art,
um den Körper fit zu halten,
da kommt man richtig in Fahrt,
kann sein Training selbst gestalten.

Und oftmals hab ich schon erlebt,
wie es sich hinzieht, stundenlang,
denn schließlich ist man doch bestrebt,
gelenkig zu bleiben und schlank.

Ich kann ein Lied davon singen,
war stets dort, wo Leute laufen,
lies das Schnaufen zu mir dringen,
zur Bank, auf der ich saß - zum SAUFEN.

Gleich nach der Hochzeit

Gleich nach der Hochzeit spricht er zu ihr:
„Drei Dinge wünsche ich mir von Dir,
um immer harmonisch zu leben,
solltest Du dies, wie folgt, mir geben.

Sechs Uhr früh, Brötchen, Käs´ und Butter,
genau so, wie damals bei Mutter,
und ob Du dabei bist oder nicht,
um halb sieben muss ich fort zur Schicht.

Um zwölf Uhr möcht´ ich reichlich und frisch,
mein Mittagessen hier auf den Tisch,
und täglich ein anderes Gericht,
ob Du dabei bist oder auch nicht.

Punkt neunzehn Uhr, niemals vergessen,
hätte ich gern mein Abendessen,
ob bei Kerzenschein oder bei Licht,
und ob Du dabei bist oder nicht !“

„Liebling, Du spielst mit off´nen Karten,
sollst auch auf Antwort nicht lang warten,
ich bin Deine angetraute Frau,
drum hör mir jetzt zu und zwar genau.

Mein Wunsch, auf den ich ganz wild poche,
ist, fünf mal Sex, in jeder Woche,
darauf gibt´s bei mir keinen Verzicht,
ob Du dabei bist, oder auch nicht !“

Frauenarzt als Maler

Ein Malermeister sagt im Arbeitsamt:
„Ich brauch einen Mitarbeiter verdammt!“
Der Mann vom Amt antwortet: „Ei,ei,ei,
ich hab nur noch einen Frauenarzt frei.“

„Mir ganz egal, könnte ich ihn kriegen,
zur Not frisst der Teufel schließlich Fliegen.
Tage später im Amt, nebst Lobesworte:
„Haben sie noch einen von der Sorte?“

Der vom Amt fragt: „Ist der Arzt denn so gut?"
„Nun", spricht der Meister, „der Mann macht mir Mut,
wie der einen ganzen Hausflur erreicht,
und ihn durch den Schlitz vom Briefkasten streicht!“

Blankgeputzte Scheiben

In Norddeutschland, in einer Stadt,
viele Menschen sprechen dort platt,
große, blankgeputzte Scheiben,
genau hier würd´ Franz gern bleiben.

Anscheinend ein Rotlichtviertel,
hübsche Damen, schöne Gürtel,
mit seinem Gehalt, dem Schmalen,
kann er sie wohl kaum bezahlen.

Trotzdem klopft er ans Scheibenglas:
„He schöne Frau, was kostet das?“
Sie lächelt und sagt recht deftig:
„Sonderpreis - Zweihundertfünfzig.“

Franz schaut zunächst ungläubig drein,
macht sich dann seinen eig´nen Reim,
ziemlich teuer findet er das,
und meint: „Ist sicher Thermoglas!“

Ein Ami in Paris

Ein Ami besuchte Frankreich das erste Mal,
auf die schöne Hauptstadt Paris fiel seine Wahl,
einen Taxichauffeur nahm er sich zu eigen,
der sollte ihm alles Sehenswerte zeigen.

Der Chauffeur sagte, weil sein Herz wohl gewonnen:
„Der Triumphbogen hat zwanzigtausend Tonnen!“
Die Antwort vom Ami, der verächtlich geschaut:
„Wie lang hat man denn an diesem Steinklotz gebaut?“

„Der steht hier schon länger, als ich Taxi fahre,
er ist sicher schon älter als fünfzig Jahre.“
Der Ami zeigte flugs sein schlechtes Betragen:
„Bei uns baut man solch Klotz in knapp fünfzehn Tagen.“

Am Louvre wiederholte sich das üble Spiel,
dort waren dem Ami zwanzig Jahre zuviel,
und er gab wieder zynisch und großmäulig an:
„Sowas hätten wir in zwanzig Tagen getan!“

Dem Franzosen am Lenkrad, dem kotzte es an,
deshalb steuerte er, Richtung Eiffelturm dann,
das Staunen des Amis war diesmal nicht gering:
„Was ist denn das für ein enorm riesiges Ding?“

Der Taxifahrer lachte still in sich hinein,
und sagte: „Ich schwöre es hier auf Stein und Bein,
ich hab keine Ahnung, es ist auch nicht mein Bier,
als ich gestern hier fuhr, stand das Ding noch nicht hier!“
Schmerzen überall

Ein Jüngling spricht zu Doktor Schwabe:
„Arg schlimm, was ich für Schmerzen habe,
ich brauche Hilfe, auf jeden Fall,
es tut weh, am Körper, überall.

Drücke ich auf meinen großen Zeh,
tut mir Fuß und Hand ganz furchtbar weh,
drück ich hernach dann gegen mein Knie,
schmerzt es dort und im Arm, aber wie!

Berühr ich beim Pinkeln den Schnipfel,
folgt ein Schmerz, Doc, das ist der Gipfel,
kratze ich nur leicht an meinem Ohr,
kommt sogleich ein riesen Schmerz hervor.

Fass ich nur kurz an meine Wange,
wird mir vor Schmerz ganz Angst und Bange,
und drück ich meinen Ellenbogen,
schmerzt es fürchterlich, ungelogen!“

„Reich mir die rechte Hand – tut das weh?“
„Ich halt es kaum aus, oh je, oh je!“
„Es schmerzen dir nicht alle Knochen,
dein Kratz-Drück-Finger ist gebrochen!“

Ein Arzt wird nachts gerufen

Ein Arzt wird nachts um zwei zur Hilfe gerufen,
kein Fahrstuhl, sechs Etagen a 15 Stufen
der Patient wird sofort gründlich untersucht,
dabei hat der Doc innerlich furchtbar geflucht.

„Ich hoffe, Sie haben Ihr Testament gemacht,
wenn nicht, dann rufen Sie den Notar noch heut Nacht,
und außerdem auch gleich die nächsten Verwandten,
Ihre Kinder, Neffen und alle Bekannten.“

„Ach, Herr Doktor, ist es denn wirklich schon soweit,
bleibt mir denn nicht einmal bis morgen früh noch Zeit,
dann geht’s wohl leider sehr schnell zu Ende mit mir,
Herr Doktor, ganz ehrlich, wie lang bin ich noch hier?“

„Sie sind kerngesund, so wie ein rosiges Schwein,
ich möcht´ heut Nacht hier bloß nicht der Einzige sein,
den Sie um diese Zeit so übel verkohlen,
und wegen Nichts, schamlos aus dem Bette holen!“

Ein Fussballfan

Samstags wird stets Fussball geschaut,
das Wohnzimmer schnell umgebaut,
auf dem Tisch, Bier und Nascherei,
drei Nachbarn und Jens sind dabei.

Jens ist gerade mal vier Jahr,
und Fußballfan, wie der Papa,
auf Vaters Schultern, ach wie schön,
kann er ganz toll zur Glotze seh´n.

Der Knirps schreit bös, so laut er kann:
„Foul, zieh die gelbe Karte Mann!“
Beim Tor des Gegners brüllt das Kind:
„Klar Abseits, Schiri bist du blind?“

Recht zornig ruft der kleine Fratz:
„Elfmeter, Schiedsrichter vom Platz!“
Dann wird düster des Vaters Blick,
weil es feuchtwarm wird im Genick.

Er schnappt den Sohn, schreit: „Donnerkeil!“
gibt ihm ´nen Klaps auf´s Hinterteil,
ein Nachbar tadelt dieses arg:
„Warum?, der Junge ist doch stark!“

„Sein Schreien nehm ich gerne hin,
weil ich, wie er, für Fussball bin,
doch es bereitet mir Verdruss -
dass er schweigt - wenn er pinkeln muss!“

Künnigung

Mein liber Schef, ich künnige,
das is mein allerletzes Word,
auch wenn ich mich versünnige,
von diesen Laden muss ich ford.

Hab hier geschufdet jeden Tag,
als Joornalist rund um die Uhr,
für diese Zeidung, die mir lag,
ging ich so libend gern auf Tur.

Doch ich kann es nich erdragen,
das wissen sie auch gans genau,
wenn sie immer laudhals sagen,
mein deudsch is under aller Sau.

Ich will das nich mehr lenger hörn,
will entlich einen neuen Jop,
werd sie auch sicher nie mehr störn
die Arbeid hier, sie war ein Flob.

Ardikel schreip ich auch nich mehr,
werd jetz Leerer inne Schule,
die Schüler liben mich dordt seer,
machen nich wie sie, Bambule.

Die Künnigung, die bleipt besteen,
ich neem sie keinesfals zurück,
werd ersmal schön in Urlaup geen,
un Apstant neem, ein ganzes Stük.

Hochachdunksfoll
Joornalist Wilhelm Trot-Tell

Plattdeutsche Gedichte

(Friesenplatt)

In dat ole Holtfackhuus

(Melodie: Wo die Nord/Ostseewellen....)

In dat ole Holtfackhuus daar stuuv an d` Diek
mit dat Reitdack, kolkengröön un riek,
daar bün ik geboren – is d` ok lang al her,
dat weer mien Tohuus – un liekers noch veel mehr.

Up de grönen Wischen, daar in d` Marschenland
waar dat Wullgras bleut bit an Waterkant,
daar hett mi al domaals all`ns interesseert,
will vandaag noch weten, wat daar so gebö hrt.

Peer un Wagen trucken dör de stuure Grund,
un de Karktoornklock maak de Tied uns rund,
dat is al lang Güstern – een büld ok nich mehr daar,
wat dat Haart mi angung un mi hillig weer.

Faken denk ik trügg an disse moie Tied,
an dat Holtfackhuus in dat de Welt so wied.
Daar was ik gewahr, wat mien Levens Sinn
un waarüm ik nüttelk hier up Erden bün.

Up de Hallig

Upn Hallig nömend Hallig Hoog,
wohnt Familie Hallig ok,
up disse Hallig gifft keen Smog,
de Hallig is asn Trockendock,
dor gifft dat ok keen Halligalli,
dor danzt van Hallig Hoog de Kalli,
un anstatt van freche Hooligans,
gifft dor bloot schmerig Hallig-Gäns,
rund um de Hallig fegt dat Water,
dat Hallig-Huus word immer natter,
Land unner ! Hallig licht in Not,
dor lacht Familie Hallig ok -
un sticht ruhig int lüttje Boot.

De Dag an d` Meer

De Dag an d` Meer, so wunnerbaar,
versunken in Still dat Land.
Himmel so hoog un sünnenklaar,
hell de Dünen, endloos de Strand.

De Dag an d` Meer, Möwengeschrie,
de Bülgen blänkern as Steern,
witte Wulken trecken vörbi,
turen herut in de Feern.

De Dag an d` Meer, solten de Wind,
dat prickelt frisch un nieg,
leevtallig, sacht, liek en Tittkind,
un jachtert krall un frie.

To Huus

Een kommodigen Ort,
een scheunen Läävesruum,
daarto een lebet Woort,
dat is det Minschen Droom.

Een fient Grienen hie,
een Hannenlangen door,
Gefööle ahn Ziier,
dat is des Minschen Hoort.

Een poor nette Blicke,
een Plinkern hen und wedder,
Seutens, richdig dicke,
dat sünd det Minschen Leeder.

Alltied Tofredenheit,
un een beden Sünnensmuus,
un Utgewoogenheit,
dat nennt de Minsch – TO HUUS.

Möwen

Möwen auf der Hafenmauer,
sitzen ruhig auf der Lauer,
warten stets auf Leckerbissen,
die von Menschen weggeschmissen.

Doch kommt ein Fischerboot herein,
beginnt sofort ein lautes Schrei`n,
und ein auf und abwärtsflattern,
um sich Fische zu ergattern.

Sehr häufig gibt es dabei Streit,
natürlich nur aus Futterneid,
erst wenn die Netze völlig leer,
zieht sich zurück das Möwenheer.

Lässt sich nieder auf der Mauer,
ohne Scheu vor den Beschauer.
Möwen sind ein Augenzauber,
gewiss nicht nur für Urlauber.

Keen Tied wegen Geld

Wat is dat bloot för´n Schiet,
keen Minsch hett mehr Tied.
Up uns scheune Welt,
dreiht sük alln´s bloot um d´ Geld.

Een neei Huus mutt her,
ok Autos sünd Begehr,
un een groot Gestüt -,
angeven bi de Lüd.

Rackern van fröh bit laat,
wenn de Kinner ok blaart,
dat Geld hett nu Vörrang,
anners grient noch de Bank.

Eerst wenn de Dood daar steiht,
un gaanix mehr geiht,
denn is Geld nich mehr wichtig,
un Tied hett man nu richtig.

Sacht upweckt

Sacht warrt ick hüüt upweckt,
vun Sünnluechen verbaast,
de Luft is zoort as´n Konfekt,
woto dat Himmelblau passt.

Lang streck ick de Lenken,
föhl mi rundüm gesund,
Amseln trillern al Leder,
in´n lichdurchfluteten Bunt.

Flatterlings in´n Goorn,
danzt as Feddern in´n Wind,
de eerst Immen starten,
wiesen we flietig se sünd.

Düsse Morgen is droomhaft,
vun Natuurpracht ümgeven,
in menen Adern de Saft,
gifft mi överdriev to´n Leven.

Dat Klassentreffen

Jungs

De Wenigsten hebb ik kennt
na fievunfievtig Jahren.
Jedereen geev mi de Hand,
stund daar mit grau Haaren.

Eerst as ik her Naam hörde
waakt up de Erinnerung.
Ok wenn mennigeen Stimm röhrde,
in her Aard klung se doch jung.

Ut Schölers mit dat Melkgesicht
sünd Typen van Format wurden,
rank un schlank – Idealgewicht,
echt Mannslüü ut uns Norden.

Deerns

Ik begröt denn de Deerns
mit een lichten Hannendruck.
In mi tucker dat lüttge Rad
un gewahr se denn ruck zuck.

Se weern all tosamen charmant,
mit een Woord – bewunnerswert,
in elk Sicht interessant,
so as een Mann mit Hart begehrt.

Ut Schooldeerns mit Melkgesicht
sünd nu Moigheiden wurden.
Se strahlt so as dat Sünnenlicht,
sünd Brillanten ut uns Norden.

De EM-Football

He is so drall un veel begehrt,
hett een wunnerbare Form,
wurdt befummelt un verehrt,
sien Goodheit is doch ganz enorm.

Up all uns Kontinenten,
överall in Stadt un Land,
Minsken, ok de Prominenten,
jedereen nimmt hüm geern to Hand.

Froonslüd duutjen hüm ganz zart,
hebbt hüm geern so örnlik prall,
sünd as Mannslüd glicks in Fahrt,
wenn he rullt – de EM-Football.

Sliekend Harvst

Langsaam slickt de Harvst in`t Land,
stüürt Störms un veel Regen,
Sömmertied hett he verbannt,
üm sien Farvkleed uttoleggen.

Geern mag he Bruun un Geel,
nettso dat fahle Grau,
mit dat Zauberwoord „Welk“
löppt ut de Gordenschau.

Bööm maakt he nakend un kahl,
schickt Vögels up de Reis,
Dookbanken bit in`t Tal,
verdeelt he still un leis.

Jedet Jahr drifft he dit Spill,
lett sük dör nix wegdrieven,
hett vör Ogen bloot een Ziel,
bit to`n Winter stark to blieven.

Du büst de Richtige

As ik di güstern Middag seeg,
daar wurr mi tomaal klaar,
du büst de Richtige för mi,
ik spöör dat gliek, ik leev di.

Minüt later, du mien Schwarm,
nehm ik di leevtallig in mien Arm.
Un denn, mien söten Ogenschmuus,
gung ik mit di to mi na Huus.

Ik legg di up dat Himmelbedd,
bi Nachtmusik van'n Striekquartett.
Un wiel dat jüst so bigeev,
truck ik mien Kleder of van't Leev.

Nu stund ik splitternakend vör di,
nehm di ok noch in't Visieer,
truck di eenfack an, ganz fix,
di, mien leevde Joggingbüx.

Entspannung

An'n Avend loop ik den Holtweg lang,

erhool mi van'n Grootstadtgestank,

tank mien Lung mit Frischluft op,

maak daarmit stark mien Hartkreisloop.

Denn genet ik richtig mien to Huus,

drink 'n Glas Wien as Insloopsmuus.

Disse wunnerbore Prozedur

is för mi ... Entspannung pur.

Wonnemaant Mai

Dat moiste van dat lang Jahr
is doch de Wonnemaant Mai.
Hier worden dusend Drööms wahr,
de Minsk föhlt sük so recht freei.

Vergeten is de Wintertied,
de Koll un de deep Sneei.
In`t Land maakt sük de Sünn so breed,
man tummelt sük an`n Baadsee.

Daar drievt un wasst dat zaart Gröön,
de Hemel strahlt in`n moiste Blau.
So mennig Hart fangt an to gleuhn,
al bi de eerst Partnerschau.

De Naam droggt de Mai to recht,
dat „M“ steiht för „Majestätisch“,
dat „A“ bedüt „Aufblührecht“,
un dat „I“ beseggt „Idyllisch“.

So entsteiht en Gedicht

In'n Bregen wassen Gedanken,

de in veele Zellen ranken,

jümmer vörwarts un in Hetz,

püttjern se mit Woorden Sätz,

de warrn dann formt und reiht,

so dat en Riem dorut entsteiht,

de tritt dann dör de Snuut an't Licht

as fix un trecht Gedicht.

Malermester Fröhjahr

He is bekannt in Stadt un Land,
de Malermester Fröhjahr.
Al in Märtmaant hett he utmaakt,
Grau is`n Unding, is dat ja.

Friske Farven sünd nu fraagt,
heel veel Grön un Geel un Rood.
Blau un Witt sünd ok anseggt
in sien Fröhjahrsangebood.

De Mester is ganz wendig,
un arbeidt ok präzies.
Sien Warken sünd lebendig,
he förmt dat Paradies.

Eerst wenn Kolleg Sömmer röppt:
"Nu bün ik Herr in`t Huus“,
leggt Mester Fröhjahr af de Klufft
ut geiht dör`t Achterdör rut.

Mutterdag

Mutter, hör wat ik di segg,
vandag mit Respekt un Dank,
an ehrenwerten Mutterdag
geböhrt di höchsten Rang.

Ik leev di ganz van Harten,
bewunder dien Fähigheid,
ok diene Aard to scherzen,
diene Geduld un Lüstigheid.

För mi büst du een Diamant,
hell luchtend as een Stern,
eenzigardig un markant,
so as van Edelholt de Kern.

Ik hebb di geern dat ganze Jahr,
nich bloot an`n Mutterdag,
du büst mien Vörbild, büst mien Star,
du büst de Mutter, de ik mag.

De beste Mutter, de dat gifft,
dat stell ik ni in Fraag
ik wünsk di as Kind ganz leev
noch veele moije Mutterdag.

Stah up

Du wiest ganz open diene Wunnen,
ok diene Naren ut vergangen Tied,
du warst piesackt un schunnen,
kennst blot Sörgen, Kummer un Leed.

Nu steihst du daar, Tranen in`t Gesicht,
labberig, ohn Willen to`n Siegen:
„Kumm, gah nochmaal rut in`t Licht,
stah up – laat di nich unnerkriegen!“

Vergänglichkeit

Spuren in´n Sand, an´n Strand, sünd so as ok dat Leven,

eerst frisch, klaar un düütlich to lesen,

later verweiht, oold, unklaar, mit bannig Blessuren,

ok se maakt sik raar Stünn um Stünn,

man süht bloot noch Konturen,

dann wordt allens kumplett van Wind un Water freten,

al kotte Tied later – sünd se restlos vergeten.

De Sandstrand is wedder schier, heel un deel genesen,

as weer hier nie, nie nich wat anners wesen.

De Harvst geiht …

De Harvst geiht bold to End,

in`t Kört is de Wend,

denn kummt de Wintertied,

Koll maakt sük bold breed,

Wiehnachten ist kort daarup,

Christkind leggt de Gaven up,

un as dat nich `noog weer,

kummt ok noch Silvester,

dat Jahr, dat endt blieder,

bloot de Jahrtied - geiht wieder.

Harvstimpressionen

De köhl Wind treckt över`t Land,
ut de Floren dampt dat grau,
un an`n smalen Wegrand
west de Grasen vull van Tau.

Blööd danzen dör de Luft,
wiest stolt hör Harvstballett,
dwirreln unner suren Duft
sachtjes in hör Starvbedd.

Un up een kahl Oost
kreiht luudhals een Kreih,
flüggt aver na een kört Rast
to Frünnen liek um Dreih.

Vörfallen so as disse
brengt bloot de Harvst todaag,
in`n Busch un up de Wies,
elke Jahr – as Neeiuplaag.

De Neeijahrstog

Dat olle Jahr raast as en Tog
in en Tunnel sünner Licht,
de lesde Roop: „Ik hebb genoog!“,
de klingt as sien: “Vergeet mi nich!”

Kuum is de lesd Ofdeel weg,
kummt mit kraakend Getöös
up Gleis Twee an glieken Steeg
een neei Tog – as Oflöös.

Vörn steiht de Naam – Neeijahr,
mit Glückssymbolen stevig ziert,
liek so as bi sien Vörfahr,
daarachter twalv Waggons platzeert.

De Utstattung besteiht noch nich,
de Fahrgast mutt se sülvst gestalten;
jedereen wordt mögelk maakt,
sük bi'd Utbau to entfalten.

Is de Arbeid denn ok lückt
un twalv Waggons sünd schafft förwahr,
denn kiek man fix tofreden trügg!
— De neegste Tog is al meist daar.

Helgoland

Wenn ik an de rode Steenmüür kiek,
de up de ganze Welt bekannt,
un wenn ik denn to´n Lüchttoorn blick,
föhl ik mi wohl – up Helgoland.

De lange Anna trotzt den Wind,
steiht alleen vor´n Eiland,
un raare Vagelarden sünd,
wat Besünners - up Helgoland

Up de Dünen vör de Insel,
rangeln Seehunnen in´n Sand,
vun de Jungen dat Gewinsel,
höört man bit hen – na Helgoland.

Elkeen Huus hett brösig Farven,
in´n Unner- un in´n Överland,
un de Steenmüür prall an Narven,
so leev ik di – mien Helgoland.

Orchideen

Överall in Krautereen
is de Blötenpracht to sehn,
achter Glas un in'n Free'en
lüchten prachtvull Orchideen.

In witt un geel un violett
un in frische Klöören
stahn vörnehm se op't Finsterbrett,
as wenn s' vun Adel wöören.

Disse smucken Königinnen,
Zart un nüüdlich as de Feen,
haalt uns Märkenland na binnen,
Ogenweiden – Orchideen.

Dat Deert in´n Minschen

In jeden Minschen leevt een Deert,
dat Mucken hett un Maneren,
maal jachtert´s as´n wilden Stier,
maal smust he as een Pussikattjen.

Dat Deert, dat kann ok stuur leven,
so as´n olen Esel,
kann ok leev un nett vergeven,
oder brimsch sien as´n Snösel.

So een Deert durrhaftig to betemen,
is de grode Willenskraft,
de doch tomeist bloot in´n Döntjes,
van de Feen wurrd schafft.

Dat Weer

De Sünn deelt mien Leven
in hell un dunkel in.
Veel Lucht wordt mi geven,
dat schull ok woll so ween.

De Regen rönnt so as Tranen,
mi is dat ganz engaal,
kann mi na achtern lehnen,
seegt niemaals nich as Qual.

Wenn de Gewitter toven
maak ik mi nix daarut.
De Weergott daar boven
flippt uplesd ok maal ut.

Un treckt de grau Nebel
priekel över`t Land,
seeg ik hüm nich as Knebel,
ik reck hüm ok de Hand.

Seeg ik de Sneei an`n Morgen
föhl ik mi as befreeit,
vergeet de Alldagssörgen
un maak in`t Bedd mi breed.

Ik bün um dat nich gliekgültig,
ok wenn dat hier so schient,
as Minsk bün ik ehrer goodmödig,
nich maal dat Weer is mien Feind.

Smucke Daag geneten

Sünd wi maal open un ehrlich,
dat Leven is bannig besweerlich,
doch jümmer wedder, keen Fraag,
gifft dat ok wunnerboor Daag.

De schull een vergnöögt geneten,
an Krimskrams nich verdreten,
smucke Daag sünd so dünn indeelt,
dat keen Glupers se erpeilt.

Unvermoden kamen se daher,
sünd ok maal spektakulär,
man schull se mit Freud beleven,
se sünd – as de Wienstock sien Reben.

Roh an´n Avend

Den letzten Blick na de Sünn
de an`n Kimming versinkt,
de nimmt dat Haart mi hen,
wenn een Vagel daarto singt.

De Avend bringt de Still,
tohuus in´n ruhig Haven,
lööst mien verkrampften Will,
un maakt mi free to slapen.

Beten Knööv tanken in´n Droom,
den Lüttkraam fallen laten,
versacken van`n Alldagsdroom -
un Liev un Seel haalt Aten.

Veer Süster un Bröer

De Ollste is wi een Luus,
künnig fast in jeden Huus,
alltied to Undöög bereet,
daarüm heet se Kort: Bosheid.

Ehr Süster, keen Fraag,
günnt sik keen Fierdag,
de Raffsucht is ehr Elixier,
to recht hett se de Naam: Gier.

Ok ehr Bröer, welk Schann,
hett de Vörsitt van een Band,
he wiegelt bloot, kennt ok keen Spaaß,
sie eh un je nennt man hüm: Hass.

Sülvst de Jüngste van de Geswister,
droogt nix Godes in`n Tornister,
he maakt sik ok op`n Erdball breed,
is wedderlich – sien Naam: Neid.

De bunte Hund

De bunte Hund, he is bekannt,
överall in Stadt un Land.

He maakt sik breet, maal hier maal dor,
kennt allens un jeden Ort, na kloor.

Man loovt em, wiel he allens kann,
doch jichtens un jichtendwann,
finnd man de Wohrheit - un weet,
de bunte Hund is bloot – swart-witt.

Avends

Avends stell ik mi de Fraag,
wat weer hüüt goot, wat weer hüüt slecht,
heel jümmer beids sik de Waag,
weer all mien Hökern ok gerecht.

Bün ik total mit mi tofreden,
ward flink de Dagstress verbannt,
all de Anstrengung vermieden,
kommodig stunnenlang entspannt.

Um Middennacht gah ik denn slapen,
up "lerrig" steiht mien Batterie,
ik sack in den Slummerhaven,
un tank niege Energie.

Wahre Grött

Bannig Grotes gifft dat up de Welt,
daartoo tellt ok dat grote Geld;
Firmenbosse dueden dääglich Grött,
groot bitrecken maennich Kartüffelkleut;
groot nennt man ok de Bargen,
dat gifft ok grote Gardentwarge;
grote Politiker regeern Lannen,
de Meere hebben grote Randen;
groot is ok de Erdenball,
riesengroot sogaar dat All.

Doch dat Gröttste, dat´t förwiss gifft,
dat man an´n meesten innig leevt,
dat weet een jeeden vun Geboort her,
DAT ALLERGRÖÖTSTE IS –
DAT HART VUN EEN MUDDER !

De ole Windmöhl

De ole Windmöhl steiht alleen,
in Sünnschien, Regen, Storm un Snee,
ehr Muurwark scheev un porig,
de Flögel dreihen sik so naarig.

Treckt man ehr Utsehn in Betracht,
weet man well dit eenst vullbracht,
denn Handwarkkunst van dannemaal,
de leevt man hüüt noch överall.

Doch wordt de Windmöhl nich plegt,
wordt se van´n Tehn de Tied terleggt,
un jeedeen Minsch de vörbi geiht,
fraagt sik - wie lang se wohl noch steiht.

De Sternenpracht

De düüster Nacht deckt allens to,
ik finn in´n Klapp hüüt doch keen Roh,
ik wölter rüm - in alle Lagen,
sünd daar Gedanken, de mi plagen?

Paus, gaar nix denken, is tabu,
mien Kopp seggt eenfach nee daarto.

Ik wüür geern slapen, aver wi?
Wenn se nix ännert, de Regie,
finn ik mi af daarmit hüüt Nacht,
un kiek mi an – de Sternenpracht.

Tiet stoppen

Minsch, du hest de Klock erfunnen,
doch de Tiet kannst du nich kippen,
Alltiet flutschen flink de Stunnen,
hurtig de Sekunnen drüppen.

Tiet löppt alltiet vor un vor,
ungeheuer is ehr Macht,
allns, wat't gifft, dat is ehr Spoor,
Dood un Leven, Daag un Nacht.

Keeneen kann de Tiet verstahn,
nich mit List orr Fantasie,
jümmers warrt se vörwarts gahn,
ewig-oolt un jümmers nieg.

Harvstbild

De Harvst farvt nu den Bläderwald,
met kunterbunte Farven,
un wenn de Sünn darto lacht,
wirkt he al binah erhaaven.

Sien Bruun un Geel un Violett,
inmummelt in Nevelschwaden,
besinnen an een Himmelbett,
in midden vun Arkaden.

Wenn frischer Raureif es dann zeert,
doer blaenkern nochmaals veredelt,
dann is dat Bild perfekt kreiert,
un waard vun Wind umkueselt.

Laatharvst

Laatharvst maakt sik nu föhlbar,
schickt al beestig Nevelwannen,
un maakt up disse Wies klaar,
dat he nu de Baas is – in uns Lannen.

Treckvögel sammelt sik in Scharen,
se wull´n de kolle Tied utnaihen,
so as in´n vergahnen Jahren,
worden se in Richt Süden weihen.

Un wiel in´n Laatharvst Noordwind weiht,
dat letzt Blatt van de Boom offallt,
weet ok de Minsch wu´t um em steiht,
wiel bold de Winter Intog holt.

Dat olde Jahr

To Enn geiht dat olde Jahr,
Leed un Sorgen se vergahn,
doch Eens, dat is sünnenklaar,
echte Leev blifft bestahn.

Se is dat Starkde up de Welt,
un ward ok juemmer ween,
se steiht sogaar in´n Drümmerfeld,
denn wahre Leev – fallt nich in.

Valentinsdag

Rode Rosen word ik Di schicken,
leevtallig rükend un wunnerschön,
se sullen Dien Hart entzücken,
ok wenn buten noch Sneeflocken weihn.

Wenn an´n Finster de Iesblomen bleut,
de Winter, he kümmert uns nich,
ik schick Di Rosen to´n Valentin,
un legg hento een leev Gedicht.

Zeil um Zeil schull Di seggen,
ik leev Di för all Tied,
Fröhjohr holt ok an köhlen Dagen,
Warms in uns Innern paraat!

In`n Märtmaant de Buur

In`Märtmaant de Buur
kien Peer mehr inspannt.
He sett vull Mumm
Ploog un Trecker instand.

Plögt flink sien Acker,
dat fallt hüm nich schwor.
He maakt dat ganz wacker,
bruukt Peer ok nich mehr.

Maschinen sünd wichtig,
de freet kien Heu,
sünd Dag un Nacht düchtig
un worden nich scheu.

De Buur van vandag
is kloog un modern,
bruukt wenig Lüü,
kann up sien Peer entbehrn.

In`n Märtmaant de Buur
de Peer inspannt,
een Leed, dat in grau
un ruug Vörtied upstund.

Alldagstrott

Fröh um soess bimmelt de Wecker,
ik sliek drömelig in´t Baad,
glieks achteran birs ik to´n Bäcker,
denn les ik noch dat Keesblatt.

Twee Rundstück, wieken Camembert,
fix noch een Ei, heeten Tee daarto,
mien Stormschritt is bewunnernswert,
ik sluut de Ingangsdöör un gah.

Acht Stunnen duurt mien Warkdag,
ik flitz nohuus vergnöögt un flott,
gehöör woll to den Minschenslaag,
de bloot noch kennt – den Alldagstrott.

Dat Leven

Dat Leven speelt wie von´n Boom dat Blatt,
stännig kann´t sik dreihen un wennen,
un doch waart´s jichtenswann matt,
verdrögt waart´s an´n Boden ennen.

Doch dat is keen Grund för Depression,
elkeen Blatt hett ook smucke Daag,
dat is sein stiefweg Mission,
knööv to wiesen, in elkeen Laag.

Dorüm bliev as een Blatt un denk daran,
wies juemmer bloot Murr, Dag un Nacht,
dat Leven fangt doch dääglich nee an,
is trutz Storm un Regen – eene Pracht.

Rezept

Man nehm sik eenfach een Form,
nich rund, nich eckig, mehr ut de Norm,
streut Gedankengood daarto, tallriek,
un röhrt anstellig, een deftigen Deeg.

Gebacken word dat Gemisch in´n Gehirn,
nich all to lang, ann`s krüselt de Stirn,
sinnig treckt man dat Backwark nu vör,
un füllt dat bräsig mit Wahrheid un Humor.

Un to´n Sluss, as Tüppel op´n "i",
garneert man´t mit rrn Pries Phantasie,
serveert word dat Kunstwark bi Kersenlicht,
as goot gelungen "Selfmade-Gedicht".

Af Fofftig

Jichtenswann bi Fru un Mann,
fangt de Wehdaags an,
so mit Fofftig geiht dat los,
Folen worden miteens groot,
dat knackt in de Gelenken,
man deit sik swoor bi´n Denken,
in´n Dööts schrumpt männig Zell,
dat pieren Knee un Ell,
Tähnen blinken ut´n Glas,
ok de Huut wordt bilütten blass,
sülvst de Hoor wordt grau,
Foot- un Fingernogel rauh,
inne Ohren kuum noch Krach,
stiefweg laat de Sehknööv nach,
avends is man nich mehr fit,
dat Öller föhlt man ok in´n Tritt,
oftins sünd de Quanten kolt,
ohn Krückstock fehlt de Halt,
good is bloot to mojer Letzt,
in´n Öller wordt man nich mehr hetzt,
un man denkt heel schadenfroh,
anner Lüüd geiht jüst ok so.

Ohn Tahlen

Wat weer de Minsk bloot`s ohn Tahlen,
wu wordt he den Dag tobrengen?
Geev`d överhaupt noch Wahlen,
wenn nüms moten üm Stimmen rengen?

Lotto, Toto, Keno, geev dat nich,
de Wecker harr man ni rutfunnen,
in de School Mathe-Ünnerricht,
oh nee, dat geev noch nich maal Stunnen.

De Klenner weer een leer Blatt,
un Hüüs harrn kien Nummer,
ok de Stromverbruuk in Kilowatt,
maak dat E-Wark Kummer.

Sien Öller wordt man nie nich kennen,
dat Telefon weer bloot to`n Spelen,
man kunn sien Gehalt nich nömen.
to`n Tacho moot`n nich to schelen.

Kontonummern weern een Tabu,
up de Waag moten sük nich quälen,
un dat Schlimmst keem noch hentoo,
in`n Bedd bruuk`n kene Schapken tellen.

Ogensteern

Mien Hart steiht in Flammen,
mien Lippen sünd stumm,
ik kunnt mi verdammen.
Oder bün ik bloot dumm?

Mien Geföhl seggt Leev,
de Gedanken sünd biesterig,
ik spör dusend Drieve!
Villicht bün ik tüterig?

In´n Dööts brodelt Wehmoot,
mien Rump de zittert,
as´n Vulkan vull van Gloot!
Bün ik so verbittert?

Ik fechte dorgegen,
all Dag, all Nacht,
wiel faken na Regen,
een Ogensteern lacht.

Ik hör geern in Fehnradio

(Melodie: Sauerkrautpolka – Gus Backus)

Ik hör geern in Fehnradio,
Musik ut Bingumgaste,
denn daar in disse Studio,
drückt DJ Ferry Knoop un Taste.

Ik hör so geern ehr Wunskkonzert,
un sing jümmers ganz blied mit,
daar maak ik seker nix verkehrt,
denn ehre Sendung is – de Hit.

Ok olle Schlager hör ik geern,
de DJ Ferry präsenteert,
se droopt daarmit de Pudels Kern,
wenn se ganz locker modereert.

Drum hör ik geern Fehnradio,
direkt ut Bingumgaste,
bi de Musik in Stereo,
bün ik jümmers geern to Gaste.

Sömmertied

Wenn de Dag sik nich mehr vör Warmte ziert,
un wenn de Avend sien Tied verlehrt,
wenn de Minsken wedder lüstig worden,
un de körten düstern Dagen starven,
wenn man geern wedder swimmen geiht,
un jeden Dag, as weerd de Lesde, leevt,
wenn man eenfach bloot lacht un glückelk is,
un all sien Sörgen körtweg vergett,
wenn man de Musik hört, nich bloot den Text,
un een Gedränk to sik nimmt, maal up Ex,
wenn man avends een Sünnenbrand spöört,
un in´n Cocktailglas de Iesknobels klirrt,
wenn dat Haar van de Sünn heller word farvt,
un keen Gewitter de gode Luun verdarvt, --

wenn alls dat passeert, is de Sömmertied daar,
un dat Leven is wedder – wunner, wunnerbaar.

Een heet Dag

Een heet Dag geiht to End,

de Wulken naht, kummt glieks de Wend,

een Gewitter treckt vöran, ganz fell,

de eerst Blitzen tockt, grell un hell,

Regen drifft de Minsk in Rumen,

een stark Wind buggt Busk un Bomen,

dat dönnert luud van all de Sieden,

doch dat sünd bloots noch Klattereen,

wiel an Horizont de Sünn weer lacht,

un de Dagutklang so fründelk maakt.

Harvstdag in´n Goorn

Hebb in´n Goorn vandag veel Arbeid,
de golden Harvst holt mi op Drapp,
verbring mit Wuracken mien Tied,
kehr Loov un snied Telgens af.

Allens mutt ik flink entsörgen,
hebb mien egen Strategie,
keen beten verschuuv ik op mörgen,
bring ´t glieks to de Deponie.

Avends bün ik fix un all,
günn mi een lüttje Glas mit Wien,
hau mi denn in mien Fall´,
un sloop na fiev Minüten in.

De Johren gahn

Mit 10 gaht fast keen beten dorneven,
´t beginnt dat schöne Leven,
mit 20 steiht man vull in´n Saft,
un protzt mit sien Levenskraft,
mit 30 reist man üm de Welt,
gifft ut, dat hart verdeente Geld,
sünd dann de 40 erst erricht,
nimmt man nich allens mehr so licht,
un mit 50 unumstritten,
mutt man ook mal üm Hülp bidden,
mit 60 sünd et Kleenigkeiten,
de oftins groten Stress bereiten,
hett man de 70 dann erreicht,
spört man wie de Drift wiekt,
un mit 80 nimmt man veeles hen,
denn Wedderstand hätt keenen Sinn,
doch sünd de 90 erst maal schafft,
geiht se dorhin de Levenskraft,
jedes wietere Johr blievt apen,
man kann bloot noch hopen, hopen, hopen.

Idyllische Heimat

Dat Fröhjohr treckt dör´t Heimatland,
´t gröönt un bloiht nu de Natuur,
un dör een zortet Wulkenband,
lücht de Himmel in Azur.

Na allen Sieden freei Sicht,
överall upwaakt dat Leven,
in´n See spegelt dat Sünnlicht,
moijet kann´t nich geven.

Un in´n Dörp an´n olen Fleet,
sücht man wu de Lüüd schuften,
beplannt ward elkeen Beet,
wo in Kört de Blomen duften.

Düsse Oort, een wohr Smuckstück,
word van Touristen geern bereist,
de Brunnen daar verspreckt veel Glück,
de, de in´t Water Münzen smitt.

Düsse Landskupp, düsse Still,
een Paradies, ik geev mien Woord,
eenzigardig de Idyll,
een Droom is he - mien Heimatoort.

Arm un oold

He sliekert faken dör de Straten,
kiekt sik den Inkoopsrummel an
un kann dat heel un deel nich faten,
dat he sik nix mehr leisten kann.

Sien Rente, dor kannst nich vun leven,
man knapp de Miete vun betahlen,
un wenn nix blifft, denn smacht he even.
He is al wennt an düsse Qualen.

Veniensche Keerls hebbt em bedragen
un heel un deel em överdüvelt,
de Bank, de hett em ok belagen.
Wo faken he doröver grüvelt!

Sien Frünnen, de weern allto fix
verswunnen, as he nix mehr harr,
un wenn dat hart kümmt, blifft em nix —
villicht nich maal sien Mobiliar.

He hett geern geven, mehr as nödig,
un op dat Gode slicht vertruut —
dor seet en Uul! Ganz bregenklötrig
warrt em, he höllt dat rein nich ut.

Nu is he oold un ok bilütten
bald klapperig. Dat maakt em bang.
Ok Vadder Staat warrt em nich stütten —
wo lang warrt dat noch duurn? Wo lang...?

Stoh to di sülvst

Stoh to di sülvst, word nümmer matt,
laat di jo nich ümbögen,
denn wer een stämmig Rückgraad hett,
wurd bi´n Endspurt jümmer siegen.

Stoh to di sülvst, gah dien´n Weg,
öwerspring de Stolpersteen,
bau di, wenn nödig, een´n Steg,
nütz em bit to´n Ziel – alleen.

Stoh to di sülvst, wees stets direkt,
schenierlich musst du nümmer sien,
wenn enen seggt, he is perfekt,
bewahrt he seker bloot den Schien.

Stoh to di sülvst, wees prall vull Stolt,
denn di as Minsch gifft bloot eenmal,
du büst geschnitzt ut Edelholt,
as Unikat – as Original.

De “Lange Anna“

As dat Wohrteken vun Helgoland,
is de “LANGE ANNA“ weltbekannt,
as´n Wachsoldaat steiht se in´n Meer,
trutzt dem Wedder un dem Bülgenheer.

Ganzjöhrig is se een Elixier,
beet Vagels een sekert Quarteer,
meist sünd dat Möven, Tölpel, Lummen,
de nich maal bi Nacht verstummen.

De “LANGE ANNA“ - siet Johren al,
is se de – Attraktion, up jeden Fall,
knipsen will een jeeden geern,
düssen Fels, de nah un doch so feern.

De rode Hueunen in de Brandung,
verdeent alltiet Bewunnerung. ---
Wer de “LANGE ANNA“ nich hett seh´n,

Se bleuht

wenn Sommerdaag körter warrn,
starvt ok de allerschönste Roos,
un wenn de Bläder geel sik farven,
denn bleuht se – de Harvsttiedloos.

In de Wisch un ok op´d Feld,
lücht se violett um disse Tied,
un de Harvstwind, de ehr dull gefallt,
strakelt sacht an ehr Blötenkleed.

Se mag´t geern in´n Harvst to leven,
geiht up, ok an diesig Dagen,
se trotzt den´n Nevel un den´n Regen,
bit de Tied kümmt – Leevwoll to seggen.

In´n September

De köhle Ostwind blast dör´n Dag,
een Weer, dat ik gaar nich mag,
welke Bläder fallen to Hoop,
ik hoop, dat höört bald wedder up.

Nu regend ok noch bannig luut,
bilütten krieg ik Gänsehuut,
ik holl dat nich mehr länger ut,
un holl mi nu een Pulli ruut.

Dat Thermometer sackt beus snell,
de Himmel ward düster, statt hell,
mien Blick fallt up´n Kalenner,
brrr, so´n Weer - in´n September.

Oktober

De Oktober, keen Fraag,
hett de mesten Smuddeldaag,
brungeel Loov, glatt un glitschig,
daar op lopen, is meest swierig.

Ok Nevel is een Bööswicht,
man süht de Hand vör Ogen nich,
Verkehrsunfallen överall,
de ole Minsch kummt licht to Fall.

Dat hagelt un dat nisselt veel,
un nachts warrd dat so richtig köhl,
de Wind huult as een kranken Hund,
den ganzen Maand geiht`s so rund.

De Sünn lett sik selten seh´n,
wiel düst´re Wulken vör ehr stahn,
Oktoberdaag sünd een Gruus,
dat Beste is – man blifft to Huus.

Heel Welt in Ostfreesland

Wo de Möven ehre Runnen dreihen,
wo Dag un Nacht frischke Winnen weihen,
wo man eenst dat Reetdackhuus utfand,
daar, ja daar, is dat Ostfresenland.

Man drinkt Tee un seggt ok avends moin,
de Seeluft is solten, herb un rein,
man beleevt de Ebb un de Floot,
un all dat – deit jeedeen Seel so goot.

Well dat Water leevt, fohrt geern daar hen,
Slickwannern in´n Wattenmeer is "In".
Radföhr´n, Lopen, Segeln, wat gefällt,
in Ostfreesland is noch "heele Welt".

Von´n Diek her höört man kort vör´n Slaapen,
dat luute Blöken veeler Schapen,
man föhlt sik regelrecht geborgen,
un freut sik op den neegst Morgen.

Gröönkohl

In´n Laatharvst, jeedeen weet dat woll,
daar arnt man den grönen Kohl,
wiel he den ersten Frost denn hett,
finnd´t ok bald dat Eten statt.

Man kann´t ok nüms veröveln,
Gröönkohl mit Pinkel un Ziebeln,
is een godes Middagmahl,
un in´n November – erste Wahl.

Un in veel Orten starten,
smucke Kohl- un Pinkelfahrten,
up keen Fall is to verhehlen,
Beer un Snaps dröf daar nich fehlen.

Disse so dulle Tradition,
gifft ´t sied veele Jahren schon,
dat weer schön, wenn dat so bleev,
trotz dissen irren – Weltgedreev.

Leev nu

Hest du bannig veel dörmaakt in´n Leven,
un glöövst mennigmaal, dat geiht nich mehr,
wees stark, ´t wordt noch veeles geven,
denk jümmer daar an, man leevt di sehr.

Vertwiefel nich in sworen Stünnen,
bliev di stadig truu, geev nümmer up,
eenst hett dat Leven di maal funnen,
smiet ´t nich weg, maak dienen Loop.

Spreng all Ketten un maak di free,
dat Leven is di leev un düür,
leev nu, wees munter daarbi,
in dien´n Hart – lodert noch Füer.

Bloot een Kinnerwiehnachtswunsk?

Een Kind kickt s'avends in de Feern,
betrachtd all de golden Steerns,
strickt sük besinnelk över`d Haar,
un denkt, dat weer so wunnerbaar,
wenn sük mien Wiehnachtswunsk
as noodwennig enthüllen dee.

Wenn ünner Minsken van disse Eer,
stets Intracht bloots un Freden weer,
wenn Stratenkinner een Tohuus harrn,
slapen kunnen in plegend Bedden,
wenn de Gebreekelden gesunden,
un heelen worden, all de Wunnen,
wenn Geld ok to de arm Lüü keem,
sük ännern kunnen manch Systeem,
wenn doch dat Ut keem för Magnaten,
de sinnlos godes Geld wegbraden,
wenn Luftschieteree harr een Enn,
un för Arbeidslosen keem de Wenn,
wenn dat Soldaten bloot as Speeltüüg geev,
un all de Waffen weern ut Zucker,
denn weer dat Paradies uns Welt,
so as dat Gott uns vörstellt hett.

Winter

De Winter wiest nu Dag un Nacht,
sien Murr, sien Macht,
överall in´n ganzen Land,
bewiest he siene Bovenhand.

De Natur lett he erstarren,
um lang to verharren,
bit Mart will he regeern,
un mit Küll triumpheeren.

Gnadenlos un klirrend kollt,
geiht he vörwarts ohn Halt,
achterlett up de Tournee,
mengenwies Ies un Snee.

An´t Enn liggt he labberig da,
un dat Fröhjahr röppt: „Hurra, -
ik heff den Kampf gewunnen,
de Natur kann sik nu sünnen.

Mien Wiehnachtswunsk

Leeve gode Wiehnachtsmann,

ick wünsch mi düt Maal nich veel,

keen Auto, keen Computerspeel,

ick appeleer – bloot – an dien Gemöte,

dat sünnig is un vuller Güte.

Du weets akraat, wat allens so geschah,

daarüm schenk mi een godes nieges Jahr,

heff hüüt een Hart un wees so good,

dat ole Jahr is eh kaputt.

Weihnachtsgedanken

Wiehnacht wordt vandag schreven,
waar sünd de Jahren bloot bleven?
Ik denk an de olle Tieden torügg,
an Kindheid, Jugend, Freud un Glück.

Avens seten wi bi Kersenlicht,
hören gespannt een Wiehnachtsgedicht.
Wi sungen artig Wiehnachtsleder,
kneeiten vör de Kripp neder.

De Minsken harrn wenig Geld,
hebbt sük eenfack so dörquält.
Ünner`n Christboom stunnen Schleden,
up Schaukelpeer wurr reden.

Mennig een Pupp de tomaal weg weer,
stunn wedder daar in neei Kleer.
Nöten hungen an`n Wiehnachtsboom,
dat Fest weer een eenzigst Droom.

Vandag moten düür Geschenke her,
sülvstmaakt tellt al längst nich mehr.
Stress moten wi uns jeden Dag maken,
Kien een will sentimentaal Saken.

Wi verschandelt mit Konsum dat Fest,
verbreden disse Süük as de Pest,
daarmit de Minsk fix vergett,
wat Wiehnachten würgelk is.
Dat wiehnacht düchtig

Mit dat Konto in Soll
is dat Leven recht swor.
Doch eens is düll,
dat wiehnacht doch sehr.

Tohuus de Kersen
se brennt nich mehr.
Doch strahlt de Harten,
dat wiehnacht doch sehr.

De Goos halv verbrennt,
se gliekt as heet Teer.
Man nimmt dat entspannt,
dat wiehnacht doch sehr.

Twee lütt Würst ut Plastik
sünd nich to`n Verzehr.
De Hund frett se hastig,
dat wiehnacht doch sehr.

Nu koomt noch Gasten,
de Köhlschapp is leer.
To`n Fest gifft dat Reste,
dat wiehnacht doch sehr.

Den`n Nahber geiht`d slecht,
he swankt at dat Meer.
He snufft as Knecht Ruprecht,
dat wiehnacht doch sehr.

Sien Froo maakt Gulasch,
söcht noch de Lorbeer,
doch de liggt in`t fuul Water,
dat wiehnacht doch sehr.

De Kinner möögt kien Rind,
se stellt sük quer.
Se willt to`n Christkind,
dat wiehnacht doch sehr.

Dat Baby mit Slackerlapp
sett sük to Wehr,
will Breei statt lütt Koken,
dat wiehnacht doch sehr.

In Laden un Straten
is veel Verkehr.
Koopt worden Massen,
dat wiehnacht doch sehr.

Dat koomt de Minsken
van överall her.
Jedeen will „Gööschen“,
dat wiehnacht doch sehr.

Veer Keersen in Advent

De eerst Keers brennt för de Still,
för Ruh un Behaglichheid,
för Hartlikheid un för de Will,
to leven in Behagelkheid.

De tweed Keers brennt för de Hoop,
för de Kraft un för de Gloov,
för de Vernunft un för de Achtung,
un för de witten Freeduven.

De drütt Keers brennt för Anstand,
för Respekt un för de Godigheid,
för Gerechtigheid un för Verstand
un för sien egene Gemöd.

De veert Keers brennt för de Leev,
för dat Wichtigst up disse Welt,
dat geev nix dat uns noch bleev,
weer nich se, an Nummer Een gestellt.

Frohe Wiehnachten

Ik bün kien wahre Künstler
al lang noch kien Poet,
bün bloot een lüttge Tüftler,
de Worden söcht, dwars Bedd.

Hebb ik se denn eerst funnen,
verknütt ik se to`n Vers,
denn worden se noch bunnen,
mit Leevde un mit Hart.

Van Neeijahr bit Dezember,
stellt se dat Forum daar,
is segg Jo as`n Schriever,
dat weer een godes Jahr.

Hebbt Dank för Jo Treue,
för jeden Kommentar,
de Grund, dat ik mi freu,
is seker allen klaar.

Daarum wünsk ik to`n Fest,
Ruh un Besinnlichheid,
Jo Leser bloot dat Best
un een froh Wiehnachtstied.